U0112665

怎么理解国内大循环

社会再生产

消费　生产

国内经济循环
基本面的健康
（核心）

流通　分配

国内　发展

START

提出

核心技术缺失
产业基础薄弱
全球市场经济萎缩 产

国内经济　高速增长

制

2020年7月30日召开的

形成以国内大
循环相互促进的

一图读懂国

打通"双循环"的超常规思路

时代背景
深刻把握
建整内需体系
构完内体

了解 内需体系
基础
条件
机制

深化改革 → 加快疏通 国内

高水平 国内 基础 → 反制 逆全球化 "撤资论" "脱钩论" → 助推 国际

复工 复产 复商 复市
① 疫情防控
②

齐全 制造业体系完备
③ 39大类 191中类 525小类
支

⑤ 区域经济孕育发展巨大空间
优势互补 高质量发展 发展巨大空间

中国的

面向未来，我们要把满足国内需求作为发展的出发点和落脚点，加快构建完整的内需体系，大力推进科技创新及其他各方面创新，加快推进数字经济、智能制造、生命健康、新材料等战略性新兴产业，形成更多新的增长点、增长极，着力打通生产、分配、流通、消费各个环节，逐步形成以国内大循环为主体、国内国际双循环相互促进的新发展格局，培育新形势下我国参与国际合作和竞争新优势。

习近平总书记 2020 年 5 月 23 日
在看望参加全国政协十三届三次会议的
经济界委员时发表重要讲话

加快形成以国内大循环为主体、国内国际双循环相互促进的新发展格局，是根据我国发展阶段、环境、条件变化作出的战略决策，是事关全局的系统性深层次变革。要继续用足用好改革这个关键一招，保持勇往直前、风雨无阻的战略定力，围绕坚持和完善中国特色社会主义制度、推进国家治理体系和治理能力现代化，推动更深层次改革，实行更高水平开放，为构建新发展格局提供强大动力。

习近平总书记 2020 年 9 月 1 日
在北京主持召开中央全面深化改革委员会
第十五次会议并发表重要讲话

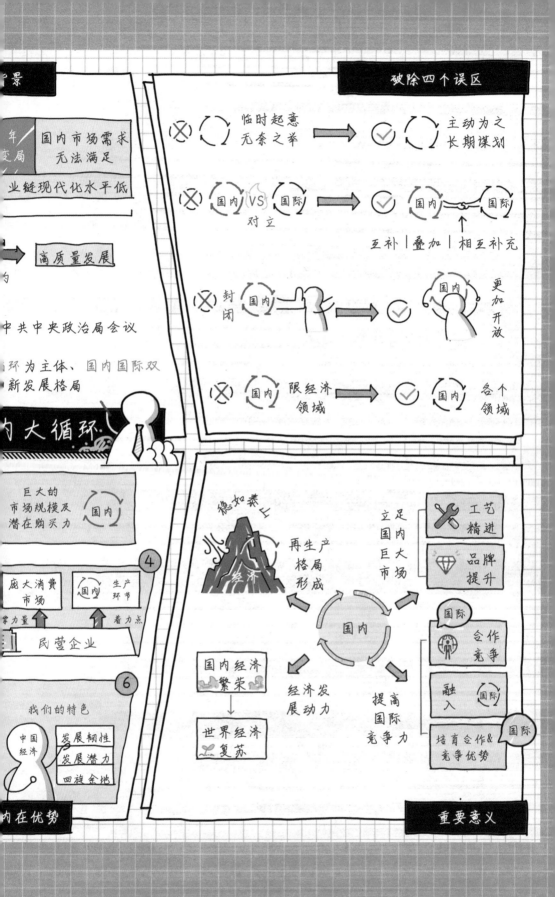

国内市场需求
无法满足

业链现代化水平低

高质量发展

中共中央政治局会议

循环为主体、国内国际双
新发展格局

内大循环

巨大的
市场规模及
潜在购买力 国内

④
庞大消费 国内 生产
市场 环节
营力量 着力点
民营企业

⑥
我们的特色
中国 发展韧性
经济 发展潜力
回旋余地

内在优势

破除四个误区

⊗ 临时起意
无奈之举 → ✓ 主动为之
长期谋划

⊗ 国内 VS 国际
对立 → ✓ 国内 国际

互补｜叠加｜相互补充

⊗ 封闭 国内 → ✓ 国内 更加开放

⊗ 国内 限经济
领域 → ✓ 国内 各个领域

稳如泰山

经济

再生产
格局
形成

国内

经济发
展动力

国内经济
繁荣

世界经济
复苏

提高
国际
竞争力

立足国内大市场

工艺精进

品牌提升

国际 合作竞争

融入 国际

培育合作&
竞争优势 国际

重要意义

国内大循环

张占斌 —— 主编

湖南人民出版社

图书在版编目（CIP）数据

国内大循环 / 张占斌主编. —长沙：湖南人民出版社，2020.9（2022.11）

ISBN 978-7-5561-2539-5

I．①国…　II．①张…　III．①中国经济—循环经济—经济发展—研究

IV．①F124.5

中国版本图书馆CIP数据核字（2020）第159200号

GUONEI DA XUNHUAN
国内大循环

主　　编　张占斌

出版统筹　黎晓慧　张宇霖

监　　制　陈　实

产品经理　傅钦伟　潘　凯

责任编辑　李思远　陈　实

责任校对　夏丽芬

封面设计　刘　哲

版式设计　谢俊平

图解设计　🌿速溶综合研究所　鹅妹子　yiyi熠一

出版发行　湖南人民出版社［http://www.hnppp.com］

地　　址　长沙市营盘东路3号，410005，0731-82683313

印　　刷　湖南天闻新华印务有限公司

版　　次　2020年9月第1版

印　　次　2022年11月第15次印刷

开　　本　710 mm × 1000 mm　1/16

印　　张　20

字　　数　150千字

书　　号　ISBN 978-7-5561-2539-5

定　　价　58.00元

营销电话：0731-82221529　（如发现印装质量问题请与出版社调换）

目　录

第一篇　构建新发展格局

第二篇　发展环境新变化

第三篇　新形势下内需战略

第一篇 构建
新发展格局

　　构建新发展格局，内涵十分丰富，首先是国内大循环，然后是国际大循环。国内大循环就是要以满足国内发展作为立足点，以国内经济循环基本面的健康作为核心。我国经济发展的阶段水平也需要我们以国内大循环为主，更好地满足人民美好生活的需求。构建以国内大循环为主体、国内国际双循环相互促进的新发展格局，绝不是关起门来搞封闭运行、搞计划经济，而是以国内大循环为基础，以国际大循环为依托的相互配合和相互支撑。这是在统筹国内国际两种资源、两个市场的基础上，依据当前实际情况，更进一步地明确经济发展战略的落脚点、支撑点和政策核心。

"我国将进入新发展阶段"
是重大战略判断

○ 何毅亭

第十三届全国人民代表大会社会建设委员会主任委员

◎ 新发展阶段的提出，表明我国即将胜利完成全面建成小康社会发展阶段的历史任务，正式进入基本实现社会主义现代化和建设社会主义现代化强国的新阶段，进入坚持和完善中国特色社会主义制度、推进国家治理体系和治理能力现代化的关键期。"十四五"时期是新发展阶段的起步期，必须走好走稳走实，为未来十五年乃至三十年奠好基、开好局。

◎ 所谓"变"，最重要的就是当今世界正经历百年未有之大变局。所谓"不变"，最主要的就是我国制度优势显著、物质基础雄厚、发展韧性强大、社会大局稳定，继续发展具有的多方面优势和条件并没有改变，经济长期向好的态势并没有改变。

◎ 我们要辩证认识和科学把握国内外大势，增强机遇意识和风险意识，坚定信心、沉着应对，以我为主、加快发展。必须把握好畅通国内大循环与国内国际双循环的关系，推动形成以国内大循环为主体、国内国际双循环相互促进的新发展格局。

习近平总书记日前在主持召开经济社会领域专家座谈会时，着眼长远、把握大势，科学系统地回答了"十四五"时期我国经济社会发展的一系列重大问题，为经济社会发展把脉定向、指路领航，对我们深化发展规律认识具有十分重要的指导意义。"十四五"时期处于两个百年奋斗目标的历史交汇点，是党和国家发展进程中尤为重要的时期。新机遇、新挑战、新发展格局、新发展动能、新发展活力、新优势、新局面，习近平总书记提出的这七个"新"，既是对"十四五"时期我国进入新发展阶段的重大判断，也是我国发展中的重大理论和现实问题，更是给我们哲学社会科学工作者提出的重大课题。我们学习贯彻习近平总书记重要讲话精神，就要在这七个"新"上下功夫见成效，切实做好进入新发展阶段的思想准备、理论准备和工作准备。

　　我们党之所以能够领导中国革命、建设、改革事业从胜利走向胜利，一个重要原因就是能及时对党和人民事业所处的历史方位作出科学判断。习近平总书记指出："'十四五'时期是我国全面建成小康社会、实现第一个百年奋斗目标之后，乘势而上开启全面建设社会主义现代化国家新征程、向第二个百年奋斗目标进军的第一个五年，我国将进入新发展阶段。"这是以习近平同志为核心的党中央对"十四五"时期我国所处历史方位作出的新的重大论断，体现了习近平总书记和党中央对深刻变化的国内外环境的清醒认识和科学把握，为我们党我们国家在新阶段谋划新发展提供了根本遵循。

一是阐明了新发展阶段的基本内涵。从总体上看，新发展阶段的提出，表明我国即将胜利完成全面建成小康社会发展阶段的历史任务，正式进入基本实现社会主义现代化和建设社会主义现代化强国的新阶段，进入坚持和完善中国特色社会主义制度、推进国家治理体系和治理能力现代化的关键期。从经济社会发展角度看，在新发展阶段，我们要全面构建高质量的现代化经济体系，实现综合国力和国际影响力的大幅提升，在发展中不断保障和改善民生，创新社会治理，优化社会结构，不断促进人的全面发展和社会全面进步。总之，"十四五"时期是新发展阶段的起步期，必须走好走稳走实，为未来十五年乃至三十年奠好基、开好局。

二是揭示了新发展阶段发展环境"变"与"不变"的关系。所谓"变"，最重要的就是当今世界正经历百年未有之大变局，新冠肺炎疫情全球大流行加速了这个大变局的演进，世界进入动荡变革期，今后一个时期我们将面对更多逆风逆水的外部环境；国内发展环境也经历深刻变化，我国已进入高质量发展阶段，正处在转变发展方式、优化经济结构、转换增长动力的攻关期。所谓"不变"，最主要的就是我国制度优势显著、物质基础雄厚、发展韧性强大、社会大局稳定，继续发展具有的多方面优势和条件并没有改变，经济长期向好的态势并没有改变。我们要准确识变、科学应变、主动求变，努力实现更高质量、更有效率、更加公平、更可持续、更为安全的发展。

三是提供了看待新发展阶段的基本方法论。习近平总书记指出："进入新发展阶段，国内外环境的深刻变化既带来一系列新机遇，也带来一系列新挑战，是危机并存、危中有机、危可转机。"面对发展环境、条件的深刻变化，特别是面对可能更多逆风逆水的外部环境，我们要辩证认识和科学把握国内外大势，增强机遇意识和风险意识，坚定信心、沉着应对，以我为主、加快发展。必须把握好畅通国内大循环与国内国际双循环的关系，推动形成以国内大循环为主体、国内国际双循环相互促进的新发展格局；必须把握好社会活力和良好秩序的关系，努力实现秩序与活力的高水平动态平衡；必须把握好对外开放和国家安全的关系，既要以高水平对外开放打造国际合作和竞争新优势，又要在开放中坚持总体国家安全观，维护好国家安全。

国内大循环推动
构建新发展格局

○ 黄群慧

中国社会科学院经济研究所所长

◎ 经济活动不是孤立存在的，是一个动态的周而复始的循环过程。一个国家参与国际经济循环的程度能够反映其发展的战略导向，由于出口导向战略存在的缺陷，这就要求经济体在发展到一定阶段时，必须从外向型经济转向内需增长型经济，积极推进产业转型升级、挖掘内需潜力。

◎ 世界百年未有之大变局持续深化、新一轮科技与产业革命加速拓展以及全球新冠肺炎疫情的影响，中国产业链供应链的安全和地位受到较大挑战，构建新发展格局正是应对这种挑战提出的要求。

◎ 构建新发展格局需要深化供给侧结构性改革疏通国民经济的"经络"，畅通国民经济循环，不断扩大国内经济循环。着重从以下几个方面着力：攻克"卡脖子"技术问题，畅通产业链和创新链；培育公平竞争环境，畅通市场体系和供求循环；深化体制机制改革，畅通金融和实体经济之间的循环。

习近平总书记在主持召开企业家座谈会时指出："在当前保护主义上升、世界经济低迷、全球市场萎缩的外部环境下，我们必须充分发挥国内超大规模市场优势，通过繁荣国内经济、畅通国内大循环为我国经济发展增添动力，带动世界经济复苏。"自 2020 年全国两会以来，习近平总书记多次在讲话中提到，逐步形成以国内大循环为主体、国内国际双循环相互促进的新发展格局。世界正经历百年未有之大变局、新一轮科技革命和产业变革蓬勃兴起，习近平总书记的重要谈话正是在这一大背景下，基于中华民族伟大复兴的战略全局提出的，具有重大意义。

一、准确把握构建新发展格局的深刻内涵

无论是从马克思主义政治经济学中生产、交换、分配、消费各个经济环节看，还是从西方经济学中要素及产品市场的供给—需求经济分析框架看，经济活动都不是孤立存在的，而是一个动态的周而复始的循环过程。经济活动本质是一个基于价值增值，信息、资金和商品（含服务）在居民、企业和政府等不同主体之间流动循环的过程。如果考虑到经济活动的国家（或经济体）边界，经济循环则存在国内经济循环和国际经济循环之分。在当今经济全球化和全球价值链分工

的时代，很少有国家只有国内的经济循环，绝大多数国家都程度不同地参与了国际经济循环。

一个国家参与国际经济循环的程度能够反映其发展的战略导向。经济发展史表明，很多发展中国家通过出口导向战略实现了经济赶超。出口导向战略的核心思想，是根据国际比较利益的原则使本国的工业生产面向世界市场，并以制成品的出口代替初级产品的出口，从中获得贸易利益、规模经济、技术外溢效应，最终推动本国经济的发展。

相对于出口导向带动高速经济增长的外向型经济发展模式，进口替代的内向型经济发展模式往往无法有效推进发展中国家实现快速增长。但出口导向战略也有一些缺陷，包括易受国际市场波动影响、外资依存度过高、经济安全风险大、关键核心技术受限、产业结构转型升级压力巨大、内需亟待开拓等问题。这就要求经济体在发展到一定阶段时，必须从外向型经济转向内需增长型经济，积极推进产业转型升级、挖掘内需潜力，才能最终迈向高收入国家。

我国自改革开放以来尤其是加入 WTO 后，积极参与了全球价值链分工，以要素低成本、出口导向型战略实现了经济的高速增长，用几十年的时间走完了发达国家上百年的工业化进程。但这种低成本、出口导向的高速增长模式已愈来愈不可持续，核心技术缺失、产业基础薄弱、产业链现代化水平低、国内市场需求得不到有效满足等问题日益突出，严重制约我国经济从高速增长转向高质量发展。这表明，经济发展的战略重点需要从出口导向转向扩大内需。在这样的背景下，习近平总书记提出逐步形成以国内大循环为主体、国内国际双循环相互促进的新发展格局具有深刻的内涵。一方面，需要改变激励出口的政策导向，把满足国内需要作为发展的出发点和落脚点，充分发挥我国超大规模市场优势和内需潜力；另一方面，需要提升产业基础能力和产业链现代化水平，加快关键核心技术攻关，改变出口导向战略形成的我国长期处于价值链中低端的国际分工地位，提高满足内需的能力。

另外，以国内经济循环为主体，并不意味着不再重视国际经济循环，而是强调通过供给侧结构性改革，提高国内经济的供给质量，通过挖掘消费潜力，进一步畅通国内经济循环，使得国外产业更加依赖中国的供应链和产业链，更加依赖中国的巨大消费市场，从而在提高经济自我循环能力的同时，促进更高水平的对外开放，实现国内国际双循环。

二、全面认识构建新发展格局的时代背景

形成以国内大循环为主体、国内国际双循环相互促进的新发展格局，不仅体现了发展战略转型的内涵，也适应了国内基础条件和国际环境变化的时代特点，是中华民族伟大复兴战略全局和世界百年未有之大变局"两个大局"不断演化的反映。

从国内来看，新中国成立70多年来，尤其是改革开放40多年来，我国已积累了比较雄厚的物质基础，综合国力已居世界前列。2019年GDP总量已接近100万亿元人民币，

是世界第二大经济体、制造业第一大国、商品消费第二大国，已经形成超大规模的大国经济基础。"十四五"时期，中国将在全面实现小康社会的基础上开启全面建设中国特色社会主义现代化国家新征程。实际上，从国内经济循环和国际经济循环的总量上来观察，我国已具备了以国内经济循环为主体的基础条件。从生产供给看，我国具有最完整、规模最大的工业供应体系，是全世界唯一拥有联合国产业分类中全部工业门类的国家。从消费需求看，我国具有规模广阔、需求多样的国内消费市场，有形成超大规模消费市场的人口基础。超大规模消费市场形成的超大规模内需，会成为我国未来经济增长的巨大潜力所在。总体而言，我国的产业链、供应链和消费市场，具有满足规模经济、集聚经济要求的条件，具备依靠国内经济循环的基础，而且近些年数字经济、电子商务、物流行业、平台模式等的快速发展，又进一步提高了畅通产业链、供应链的能力。

从国际环境看，世界百年未有之大变局的持续深化，新一轮科技与产业革命的加速拓展，再加上全球新冠肺炎疫情的影响，中国产业链供应链的安全和地位受到了较大挑战，促进形成以国内大循环为主体、国内国际双循环相互促进新发展格局，也是为应对这种挑战提出的要求。由于近些年贸易保护主义和新一轮科技和产业革命的影响，全球产业链供应链已呈现出本地化、区域化、分散化的逆全球化趋势，而疫情对全球生产网络产生了巨大冲击，各国都会从供应链安全角度进行供应链的调整，这必然会加剧经济去全球化的趋势，全球产业链供应链布局面临巨大调整的可能。虽然疫情并未改变各国的成本结构和技术能力，中国自身的要素成本和中美经贸摩擦走向仍是影响我国产业链供应链分工地位的最主要因素，但疫情的负面影响不仅在于因全球供应链中断风险不断加大而威胁我国供应链的安全，还在于疫情强化了欧美一些企业家、研究者和政策制定者实施贸易保护的主张和决心，会在产业链供应链层面对我国目前已有的优势地位产生深层次影响。此时，把满足国内需求作为发展的出发点和落脚点，加快关键核心技术攻关，加快形成以国内大循环为主体的格局，无疑具有重大的战略意义。

三、深入推进供给侧结构性改革，畅通国内经济大循环，促进新发展格局的逐步形成

当前我国国民经济循环的主要矛盾是供给与需求不匹配、不协调和不平衡，国民经济循环无法有效畅通的矛盾主要方面不在需求侧，而在供给侧，因此必须通过深化供给侧结构性改革疏通国民经济的"经络"，畅通国民经济循环，从而不断扩大国内经济循环。从经济循环的生产、流通、分配、消费等主要环节看，目前循环不畅的主要表现是企业的供给质量不高，难以有效满足居民对优质商品和服务型消费的需求，产业的智能化、高端化、绿色化和服务化水平不能满足消费者消费升级的要求。为此，围绕畅通国内经济大循环，深化供给侧结构性改革需从以下几方面着力：

提升产业基础能力和产业链水平，攻克"卡脖子"技

术问题，畅通产业链和创新链。高度重视基础研究、共性技术、前瞻技术和战略性技术的研究；努力完善试验验证、计量、标准、检验检测、认证、信息服务等基础服务体系；构建产业创新网络，提高创新生态系统的开放协同性，构建全社会范围协同攻关的体制机制；通过完善环境，不断改善中小企业创新的"生态位"，有效发挥中小企业在提升工业基础能力和产业链水平方面的作用；充分发挥我国新型举国体制优势，对于投入巨大、技术难度高，市场主体单独难以攻克的重大战略性、基础性技术问题进行攻关；修补制造业创新链，弥补技术研发与产业化之间的创新链缺失，提高科技成果转化率。

培育公平竞争环境，提高市场运行效率，畅通市场体系和供求循环。公平竞争是市场体系高效运行的基础规则，必须保证市场主体之间的公平竞争，发挥竞争政策的基础性作用。一方面，切实深化国有企业分类改革，通过推进公益性企业回归公益定位实现国有经济战略功能，通过推进商业类企业回归企业属性成为真正的市场主体，从而促进公平竞争市场环境的形成。国有企业深化改革绝不仅是为了国有企业自身做强做优做大，还要有利于培育公平公正的市场竞争环境，促进整个经济的高质量发展。另一方面，正确处理产业政策与竞争政策的关系，充分发挥竞争政策的基础性作用。我国总体上处于从工业化后期向后工业化时代过渡、开始高质量工业化的时期，产业结构日益完备、产业技术水平逐步向全球技术前沿靠近，长期以来形成的与我国工业化初中期阶段相适应的、选择性产业政策主导的政策体系，已越来越不适用了，产业政策将更多强调科技服务体系建设，竞争政策将越来越发挥基础性作用。从国际市场看，我国要实现更大范围、更高水平的市场开放，通过加强知识产权保护、强化竞争政策等举措，积极融入新的多边贸易投资规则，以实现国内国际双循环相互促进的新发展格局。

深化体制机制改革，切实解决"脱实向虚"结构失衡，畅通金融和实体经济之间的循环。近年来，金融和实体经济失衡问题突出，成为阻碍国民经济有效运行的重大结构性问题。切实提高金融体系服务实体经济的能力，已成为国民经济能否良性循环的关键所在。2020 年 6 月，国务院常务会议提出金融支持实体经济让利 1.5 万亿元，需要采取切实可行的实施机制和具体措施加以落实。一定要重视金融的短期风险与实体经济长期风险的平衡，下决心解决这个阻碍我国经济有效循环的经济结构长期失衡问题。

打通中国经济"双循环"有哪些超常规思路?

○ 黄奇帆

中国国际经济交流中心副理事长

◎ 构建完整的内需体系:要以稳定市场预期、提高社会资本投资积极性为着力点;须以供给侧结构性改革为主线;要以就业扩大和居民收入的持续提高为基础;须更好发挥政府在扩大内需、维护市场中的作用;须形成内需外需兼容互补、国内国际双循环相互促进的新格局。

◎ 深化改革加快疏通国内大循环:补短板、强弱项、激活力,打通支撑科技强国的全流程创新链条;以新基建加快数字经济产业化、传统产业数字化;疏通部分行业的政策性梗阻,以新需求消纳产能,促进供需平衡;多措并举刺激消费、促进就业、提高保障,加快形成纺锤形收入分配格局;培育区域发展新增长极和动力源,形成优势互补、高质量发展的区域经济布局;深化关键性基础性体制改革,激活社会投资活力,加快构建高标准市场体系。

◎ 以高水平开放助推国际经济大循环:加快引资补链扩链强链;发挥中国超大规模市场优势,加快构建"一带一路"合作创新网络;稳步降低关税水平,适度增加进口,提升我国在世界经济舞台上的话语权;抓住机遇加快FTA(自由贸易协定)谈判,积极参与国际经贸规则谈判和制定;以建设自贸区自贸港为依托,拓展开放的高度、深度和广度。

站在世界百年未有之大变局的历史关口，展望"十四五"，构建完整的内需体系、加快形成国内国际双循环相互促进新格局应当成为我们谋划中国经济下一程的重点内容。

一、全面准确理解"构建完整的内需体系"的内涵

"完整的内需体系"不是简单地讨论内需是什么，而是要深刻把握"构建完整的内需体系"的时代背景，从形成内需需要什么样的基础、什么样的条件，有什么样的机制等维度，系统理解"内需体系"的丰富含义。

（一）构建完整的内需体系，要以稳定市场预期、提高社会资本投资积极性为着力点

企业家愿不愿意扩大再生产、愿不愿意从事创新性的冒险活动，与其对经济的预期、市场竞争是否公平、产权是否得到有效保护有关。当前，广大中小企业受疫情冲击最为严重，各级政府在开展"六稳""六保"中最为关键的是要采取措施稳定民营企业家的信心、营造中国经济长期向好的预期，而关键之关键在于落实好在民营企业座谈会上提出的六条要求：一要切实减轻企业税费负担；二要采取措施解决民营企业融资难融资贵的问题；三要营造公平的竞争环境，特别是鼓励民营企业参与国有企业改革；四要完善政策执行方

式，将"加强产权保护"落到实处；五要构建亲清新型政商关系；六要保护企业家人身和财产安全。

落实了这六条，海量的民间资本一定会再次活跃起来。

（二）构建完整的内需体系，须以供给侧结构性改革为主线，提高资源配置效率

根据经济学理论，作为内需的主体，消费和投资之间应当有个合理的比例关系，而这又取决于供给侧与需求侧之间的有效衔接、动态匹配，取决于资源配置的效率。当前，针对消费升级的趋势，我们供给侧存在不少短板：比如在要素市场，资金、土地、劳动力等要素合理流动仍存在不少障碍；在产品市场，物流成本仍然过高，农村市场与电商对接仍存在最后一公里的问题；在服务市场，受疫情影响，餐饮、商场、文化、旅游、家政等生活服务业遭受重创，教育、医疗、养老等领域改革有待深化。对此，中央提出了进一步推进要素市场化配置改革，建设更加完善的社会主义市场经济体制的意见，就是要通过深化供给侧结构性改革，提高供给侧与需求侧匹配的灵活性，提高资源的配置效率。

（三）构建完整的内需体系，要以就业扩大和居民收入的持续提高为基础

内需的基础在收入，在就业。没有就业，没有收入，内需就无从谈起。我国现有 4 亿多中等收入群体，同时还有 6 亿中低收入人群。当前，疫情对实体经济的冲击已对民生就业带来较大影响，失业率冲高，部分群众收入下降，一些贫困人口脱贫后返贫压力加大。在此情况下，要进一步健全鼓励就业、促进就业的相关政策，加快形成以创业带动就业的新格局；要深化收入分配制度改革，进一步降低个人所得税率，提高劳动报酬在国民收入初次分配中的比重，在未来若干年内将4亿多中等收入人群实现倍增，将6亿中低收入人群减半。以此为基础，形成以中高收入人群消费为引领、中低收入人群消费为基础并逐步提升的消费结构。

（四）构建完整的内需体系，须更好地发挥政府在扩大内需、维护市场中的作用

政府在扩大内需中可以有两个直接作用：一方面，通过政府采购形成当期消费需求；另一方面，通过政府支持的公共投资来形成有效投资需求。目前，这两方面都有改革的空间。要以建立健全政府采购政策落实机制为切入点，进一步发挥政府采购对扩大内需的促进作用、引导作用；提高和优化公共投资效率及结构，更多投向市场不能有效配置资源的公共卫生、城乡基础设施、生态环境保护、重大科技进步等公共领域，发挥公共投资对总需求的乘数作用。同时，还应注意到政府与市场不是简单的替代或互补关系，强市场需要健全的法治体系，"有为政府"能更好地催生"高效市场"。"更好发挥政府作用"的一个目标就是"让市场在资源配置中起决定性作用"。"有为政府"和"高效市场"二者是"和谐社会"的基础，共同为"和谐社会"提供法治支撑和充分就业。

（五）构建完整的内需体系，须形成内需外需兼容互补、国内国际双循环相互促进的新格局

不能仅仅就内需谈内需。在开放经济条件下，内需的形

成和有效供给也依赖于国际产业链、供应链的畅通和协同。在疫情重挫全球贸易投资的大背景下，中国仍将会持续扩大进口以满足国内多样化个性化需求，仍将会以开放的姿态深度融入全球产业链供应链。中国是拥有14亿人口、4亿多中等收入群体的超大市场，随着人均GDP进入1万至3万美元的发展阶段，潜在的经济活力和发展余地、空间还非常大。今后几年，我们自身的内循环就可以把中国经济拉动几个百分点的增长，而且还可以通过增加进口拉动周边国家、国际社会，进而带动世界经济的复苏，拉动国际经济大循环，进而形成国内国际双循环相互促进的新格局。

二、深化改革加快疏通国内大循环

从近期看，构建完整的内需体系需要尽快疏通影响国内大循环的堵点，促进国内经济恢复。

（一）补短板、强弱项、激活力，打通支撑科技强国的全流程创新链条

疫情结束后科技领域的国际竞争更加激烈，特别是在美国频频打压中兴、华为并对我实施"科技脱钩"的背景下，加快推进创新驱动发展战略、增强科技竞争力已刻不容缓。这就需要加快打通支撑科技强国的全流程创新链条。

（二）以新基建加快数字经济产业化、传统产业数字化，引领第四次工业革命

新基建作为数字经济、智能经济、生命经济这些人类未来文明的技术支撑，不仅本身将带来几万亿甚至十几万亿元

的投资需求，还将通过数字经济产业化、传统产业数字化、研发创新规模化而产生不可估量的叠加效应、乘数效应。

（三）疏通部分行业的政策性梗阻，以新需求消纳产能，促进供需平衡

过去几年，持续推进的供给侧结构性改革在化解部分行业的过剩产能方面取得了显著进展，国民经济大循环的水平和质量得到了显著提升。在疫情冲击之下，一些传统行业可能会出现新的产能过剩，对此，我们不能再施以强行去产能的手段，而是要通过适度的调整政策、创造新的需求来释放这些产能。毕竟产能过剩总是相对的，是受制于特定的技术和制度环境。环境变了，供需条件也自然会发生变化。

（四）多措并举刺激消费、促进就业、提高保障，加快形成纺锤形收入分配格局

2019 年我国人均 GDP 已经突破 1 万美元大关，意味着中国即将跨越中等收入陷阱，但仍处于"爬坡过坎"的关键阶段，4 亿多中等收入群体和 6 亿中低收入群体并存。新冠肺炎疫情冲击之下，如政策不当，掉回中等收入陷阱的可能性仍是存在的。应采取特别措施刺激消费、促进就业、强化保障，进一步扩大中等收入群体、缩小中低收入群体，加快形成纺锤形收入分配格局。

（五）培育区域发展新增长极和动力源，形成优势互补、高质量发展的区域经济布局

形成国内大循环离不开区域协调发展。在新形势下，中东部地区要通过城市群都市圈建设进一步增强中心城市和城

市群等经济发展优势区域的经济和人口承载能力；西部地区要跳出现有资源禀赋约束，应用高新科技寻找创新发展的突破口，进而促进形成优势互补、高质量发展的区域经济布局。

（六）深化关键性基础性体制改革，激活社会投资活力，加快构建高标准市场体系

深化要素市场化配置改革。2020 年 3 月 30 日，《中共中央国务院关于构建更加完善的要素市场化配置体制机制的意见》发布。这份重磅文件提出了许多生财型、聚财型和资源优化配置型改革，既具有针对性和前瞻性，又具有极强的战略意义。比如，"探索建立全国性的建设用地、补充耕地指标跨区域交易机制""放开放宽除个别超大城市外的城市落户限制，试行以经常居住地登记户口制度"等措施，有利于提升要素流动性，有利于引导各类要素协同向先进生产力集聚。

三、以高水平开放助推国际经济大循环

在"一带一路"倡议的引领下，近年来中国对外开放格局呈现出五个新的特征：一是从以引进外资为主，转变为引进外资和对外投资并重。二是从以扩大出口为主，转变为鼓励出口和增加进口并重。三是从以沿海地区开放为主，转变为沿海沿边内陆协同开放、整体开放。四是从以《关贸总协定》和 WTO 框架下的货物贸易为主，转变为货物贸易和服务贸易共同发展。五是从以融入和适应全球经济治理体系为主，转变为积极参与甚至引领国际投资和贸易规则的制定修订。

对外开放格局的这五个转变是中国助推国际经济外循环的基础。当前，在全球贸易保护主义、单边主义抬头和疫情冲击全球经济的大背景下，形势越困难，就越是要保持开放、扩大开放，在变局中开新局，以高水平开放反制逆全球化、以改善营商环境反制"撤资论"、以超大市场的吸引力反制"脱钩论"，加快形成于我有利的国际经济大循环。

（一）加快引资补链扩链强链，为全球提供稳定高效的产业链供应链

当前，全球流动性泛滥已成定局。从全球来看，中国目前疫情控制得最好，也是投资风险最小的国家之一。只要我们进一步扩大开放，这些资金背后的产业资本必纷至沓来，不仅将打消部分外资转移产业的计划，还将帮助中国迅速完成"补链""扩链""强链"。近日国务院常务会议通过了2020年版外商投资准入负面清单，其中全国外商投资准入负面清单由40条减至33条，自贸试验区外商投资准入负面清单由37条减至30条。特别是金融领域取消了证券公司、证券投资基金管理公司、期货公司、寿险公司外资股比限制；制造业领域放开商用车制造外资股比限制；农业领域将小麦新品种选育和种子生产须由中方控股放宽为中方股比不低于34%。这些都为我们抓住机遇引资补链创造条件。

建议进一步扩大物流、研发设计、数字经济等服务业的开放，吸引更多全球产业链相关企业落户中国、加入区域产业链集群，进而打造空间上高度集聚、上下游紧密协同、供应链集约高效、规模达万亿级的战略性新兴产业链集群。一旦形成了这样的产业链集群，在国外需求依旧疲软的时候可以通过努力营造以当地需求、国内需求为拉动的产业小循环，保证产业链集群的健康发展；当国外市场复苏的时候，进一步加强国际合作，扩大产业集群规模和发展质量，通过加强区域产业链合作带动全球产业链的大循环。

（二）发挥中国超大规模市场优势，加快构建"一带一路"合作创新网络

疫情对发达国家经济带来沉重打击，势必对其创新链、产业链带来不利影响，大量新技术新产品需要寻找资本和市场进行转化。应抓住机遇，积极吸引这些技术和项目来华发展，以中国的产业链承接这些国家的创新链，进而促进我们自身创新链的建设。建议适当放宽各类资本在出境收购国外高新技术、战略资产等活动上的外汇管制，鼓励民资与国资携手一起走出去。同时，建议选择对外开放基础较好、创新氛围较为浓厚、产业体系相对健全的地方，谋划建设面向"一带一路"、以合作创新为核心主旨的示范平台，重点在知识产权保护、创新规则对接等方面先行先试，条件成熟时再复制推广，可以收到对内提升产业基础能力和产业链水平，对外促进"一带一路"高质量发展、反制个别国家对我"科技脱钩"等一石多鸟之效。

（三）稳步降低关税水平，适度增加进口，提升我国在世界经济舞台上的话语权

当今世界，出口大国未必是经济强国，因为出口可能大量是劳动密集型产品、来料初加工产品。而进口大国一定是

经济强国，进口所需的外汇可能来自于技术和服务等贸易顺差，货币纳入 IMF SDR 货币篮子成为世界货币，也可与各国直接结算。建议在未来 3 ～ 5 年内，将关税总水平由现在的 7.5% 逐步降到 5% 左右，实现与发达经济体大致持平。主动降低关税水平可以实现一石多鸟：一是可以直接降低消费者的进口成本，有利于产业转型升级，增加群众消费福利；二是有利于增加进口，促进实现进出口平衡，为实现国际收支平衡创造条件；三是有利于在新一轮经贸谈判中占据主动，进口规模大了，我国在世界经济舞台的话语权自然也大了。

（四）抓住机遇加快 FTA 谈判，积极参与国际经贸规则谈判和制定

近日，修订后的美加墨协定正式生效，其中的"毒丸条款"就是针对中国而来的，是其试图削弱中国在全球贸易和产业供应链中的地位的重要一步。接下来美国大概率会延续在推动协定时的主要操作手法，与欧盟、英国、日本等达成类似的 FTA。这实际上对我形成了新的围追堵截。对此，我们应抓住当前中国正恢复增长，而欧美陷于危机的机遇，加快中日韩 RCEP（区域全面经济伙伴关系）、中欧 BIT（双边投资协定）、中英 BIT（双边投资协定）谈判，适时启动加入 CPTPP（全面与进步跨太平洋伙伴关系协定）谈判。目的是要通过参与这类经贸规则谈判，一方面努力打破美国在世界范围内对我"去中国化"的图谋，另一方面，将这些国家和地区的科技、产业、资本和人才通过 FTA 规则吸引到中国来，促进中国产业链供应链价值链更加完整、更具韧性、更

有竞争力，加深这些国家和地区与我经济的联系，让双方经济牢牢扭抱在一起。

（五）以建设自贸区自贸港为依托，拓展开放的高度、深度和广度

现在我国已形成了以 18 个自贸区和 1 个自由贸易港为高地的对外开放新格局。自贸区也好，自贸港也好，一个重要使命就是要围绕贸易自由、投资自由、资金流动自由、运输自由、人员停居留和就业自由、数据流动自由等方面进行先行先试，建设开放新高地，拓展中国经济对外开放的高度、深度和广度。

所谓高度，就是要以自贸区（港）为依托，培育与国际市场相通的制造业、服务业等产业实力和能力，打造具有国际影响力的先进制造业集群、战略性新兴产业基地、要素和大宗商品交易配置平台和国际贸易航运枢纽等。所谓深度，就是要围绕建设国际化法制化便利化营商环境，大幅降低外资在金融、保险、物流、研发设计、教育卫生、数字经济等领域的准入门槛，建立准入前国民待遇和负面清单制度，建立健全竞争性市场体制。所谓广度，就是将改革开放和产业升级的措施形成可复制、可推广的成果。

因为疫情，世界经济陷入衰退。对此，应该继续高举全球化大旗，更合理地发挥市场对资源的优化配置作用，更好地形成全球各地、各国各企业之间的分工配置，维护国际经济良性大循环。那种以邻为壑搞脱钩、推卸责任拼命甩锅、搞单边主义和逆全球化的做法是在开历史的倒车，注定不会成功。人类全球化的方向不会变，资源优化配置有利于各国发展的内涵不会变。

　　全球化本身是螺旋式发展的，是在遇到问题、解决问题中前进的。凡是能在历史的螺旋式发展中、解决产业更迭问题中担当责任的大国一定是顺应世界潮流的伟大国家。我们坚信，中国正在塑造的以国内大循环为主体、国内国际双循环相互促进的新格局必将推动我国开放型经济向更高质量发展，推动全球化朝着更深领域演进。

打通中国经济"双循环"有哪些超常规思路？

01 全面准确理解"构建完整的内需体系"

02 深化改革加快疏通国内大循环

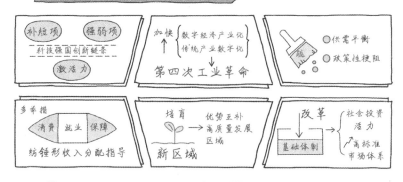

03 高水平开放助推国际经济大循环

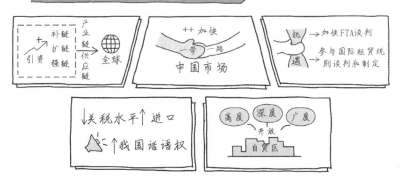

在危机中变局中
构建新发展格局

○ 张占斌

中共中央党校（国家行政学院）马克思主义学院院长

◎ 面对困难、风险和挑战，要从哲学的高度辩证地看待困难，中国特色社会主义就是筚路蓝缕闯出的一条道路。

◎ 继续扩大开放是开启社会主义现代化国家建设新征程的时代标志，是我们赶上并引领人类时代进步前进步伐的有效途径。

◎ 要加快推动中国制造向中国消费转变，由制造大国向消费大国转变，由制造强国向消费强国转变，形成"中国制造＋中国消费"的超大规模市场的新棋局。

◎ 决战决胜脱贫攻坚、全面建成小康社会，将为我们实现国内国际双循环相互促进的新发展格局奠定坚实的基础，也就打通了全面建设社会主义现代化国家新征程的通道。

◎ 一个国家的产业竞争力取决于整个产业链的综合竞争力，要确保经济安全必须从战略全局着眼，建立维护我国产业链安全的有效机制。

2020 年两会期间，习近平总书记看望参加全国政协十三届三次会议的经济界委员，并参加联组会听取意见和建议。习近平总书记强调："面向未来，我们要把满足国内需求作为发展的出发点和落脚点，加快构建完整的内需体系。""逐步形成以国内大循环为主体、国内国际双循环相互促进的新发展格局，培育新形势下我国参与国际合作和竞争新优势。"7 月21 日，在主持召开企业家座谈会时，习近平总书记再次强调，在当前保护主义上升、世界经济低迷、全球市场萎缩的外部环境下，我们必须集中力量办好自己的事，充分发挥国内超大规模市场优势，逐步形成以国内大循环为主体、国内国际双循环相互促进的新发展格局。习近平总书记的重要讲话，是关系我国国家安危和发展前途的重大谋划、战略布局，具有强烈的现实价值和长远意义。我们"对国之大者要心中有数"，要反复掂量、强化担当、精准布局、务实推动。

一、构建国内国际双循环相互促进的新发展格局，要坚持用全面辩证长远眼光分析当前经济形势

　　我国经济发展正处在转变发展方式、优化经济结构、转换增长动力的攻关期，面临着结构性、体制性、周期性问题相互交织所带来的困难和挑战，突如其来的新冠肺炎疫情严

重冲击更给我国经济运行增添较大压力，一季度经济出现负增长，生产生活秩序受到冲击。二季度转正，实现同比3.2%的增长。

怎样看待中国经济？习近平总书记在讲话中强调"坚持用全面、辩证、长远的眼光分析当前经济形势"，体现了马克思主义实事求是的态度和辩证唯物主义的方法。面对困难、风险和挑战，要从哲学的高度辩证地看待困难，中国特色社会主义就是筚路蓝缕闯出的一条道路。面对世界百年未有之大变局，实现中华民族伟大复兴的大局，我们将面临各种各样的难题，必须不断探索奋斗，不断克服前进中的困难。

习近平总书记对我国经济稳中向好、长期向好充满信心，特别强调"我国经济潜力足、韧性强、回旋空间大、政策工具多的基本特点没有变。我国具有全球最完整、规模最大的工业体系、强大的生产能力、完善的配套能力，拥有1亿多市场主体和1.7亿多受过高等教育或拥有各类专业技能的人才，还有包括4亿多中等收入群体在内的14亿人口所形成的超大规模内需市场，正处于新型工业化、信息化、城镇化、农业现代化快速发展阶段，投资需求潜力巨大"。习近平总书记对我国潜力和优势的分析，增强了全社会特别是各类市场主体对我国未来发展的信心。

二、构建国内国际双循环相互促进的新发展格局，我们要站在历史正确的一边

"公地悲剧"告诉我们，为了解决气候变暖、生态恶化、

重大疫情等全球性难题，我们只有通力合作才能拯救我们的家园。合作是一种最基本的人类本性，合作在生命进化过程中居功至伟，合作机制让人类具有更强的生存能力。我们人类是超级合作者，是唯一能够充分运用间接互惠的物种，合作是永恒的旋律，从古至今合作的重要性从未改变。

受全球疫情冲击，当前世界经济深度衰退，经济全球化遭遇逆流，产业链供应链循环受阻，国际贸易投资严重萎缩，大宗商品市场动荡不安，国际上保护主义思潮上升，地缘政治风险明显增强。习近平总书记强调在这样一个不稳定不确定的世界中谋求我国发展，我们要站在历史正确的一边。

如何理解"在一个更加不稳定不确定的世界中谋求我国发展"？概要说就是我们正面临着世界百年未有之大变局，正推动着中华民族伟大复兴，必须稳住阵脚，坚持底线思维，从最坏处考虑，向最好方向努力，保持战略定力，把我们自己的事情办好，精心做好较长时间应对外部环境变化的思想准备和工作准备。什么是站在历史正确的一边？继续扩大开放是开启社会主义现代化国家建设新征程的时代标志，是我们赶上并引领人类时代进步前进步伐的有效途径。面对全球化的逆流或者有些国家政客、学者"去全球化"的鼓噪，我们必须坚定全球化发展的历史趋势，坚信只有开放、合作、共赢才能拯救人类、发展人类、造福人类。

我国将坚持多边主义和国际关系民主化，以开放、合作、共赢胸怀谋划发展，我们要建设更高水平的社会主义市场经济体制，推动规则、规制、管理、标准等制度型开放，以制度集成加快海南自由贸易港、18 个自贸区、粤港澳大湾区等对外开放高地建设，积极参加全球经济治理体系变革和国际组织重构等规则的制定，加强国际协调共同防范和化解国际系统性金融风险，以"一带一路"建设为重点促进全球经济恢复增长，推动建设开放型世界经济，坚定不移推动经济全球化朝着开放、包容、普惠、平衡、共赢的方向发展，努力构建人类命运共同体的伟大事业。

三、构建国内国际双循环相互促进的新发展格局，要努力在危机中育新机、于变局中开新局

我国改革开放以来逐步建立起了以投资、外贸和消费"三驾马车"拉动经济发展的增长模式，国内消费市场长期落后于投资和外贸增长。面对新冠肺炎疫情的严重冲击，我们要把主动权掌握在自己手里，就必须发挥我国作为世界最大市场的潜力和作用，靠自己的强大内需增强我国经济的韧性和弹性。

加快形成世界最大的消费市场是个系统工程，需要两条腿走路。国内循环是基础，要体现以我为主，自强自立。继续推动国内产业链提质、供应链升级，上下游协同发展，产供销紧密链接，不断完善国内循环。但这个内需体系绝不是闭门造车，而是与国际市场开放联系的，通过国内国际这两个循环相互促进，实现做大做强。国际循环是重要辅助，要提升国际循环的控制力和稳定性，争取国际区域循环有新突破。统筹利用国内国外两个市场，两种资源，实现优势互补。

要坚定实施扩大内需战略，着力打通生产、分配、流通、消费各个环节。一要紧紧依靠、牢牢把握供给侧结构性改革这条主线不动摇，明确改革的战略方向，善于运用改革的办法推动科技创新及其他各方面的创新，增强供给的精准性、灵活性、有效性。二要实施好宏观经济政策，挖掘好财政货币和投资消费政策的潜力，完善要素市场化配置体制机制，用消费需求带动投资需求，激发民间投资特别是中小企业发展活力。三要统筹城乡发展和区域经济一体化，深入推进新型城镇化，加快农民工市民化的进程，发挥城市群和中心城市的带动作用，加快落实区域发展战略，形成更多的经济增长点、增长极。四要掌管有效投资，加快推进数字经济、智能制造、生命健康、新材料等战略性新兴产业。五要完善收入分配制度，保护市场主体和公民的财产权、产权，巩固降低宏观税负的制度性成果，积极稳妥推进农村"三块地"改革，激励培育更多的中等收入群体，实施中等收入群体倍增计划，建立扶贫脱贫的长效机制。

要加快推动中国制造向中国消费转变，由制造大国向消费大国转变，由制造强国向消费强国转变，形成"中国制造＋中国消费"的超大规模市场的新棋局。

四、构建国内国际双循环相互促进的新发展格局，要实现决战决胜脱贫攻坚、全面建成小康社会的郑重承诺

坚持以人民为中心的发展，是我们党的执政理念和价值

追求，决战决胜脱贫攻坚、全面建成小康社会体现了社会主义的本质要求。到 2020 年确保我国现行标准下农村贫困人口实现脱贫、贫困县全部摘帽、解决区域性整体贫困问题，是我们党对人民对历史的郑重承诺，必须如期完成，没有任何退路和弹性。

我们在脱贫攻坚领域取得了前所未有的成就，彰显了中国共产党领导和我国社会主义制度的政治优势。世界上没有哪一个国家能在这么短的时间内帮助这么多人脱贫，这对中国和世界都具有重大意义，中国减贫方案和减贫成就得到了国际社会的普遍认可。

习近平总书记强调，目前全国还有 52 个贫困县未摘帽、2707 个贫困村未出列、建档立卡贫困人口未全部脱贫。虽然同过去相比总量不大，但都是贫中之贫、困中之困，是最难啃的硬骨头。我们要努力克服新冠肺炎疫情带来的不利影响，付出更加艰辛的努力，坚决夺取脱贫攻坚战全面胜利。

习近平总书记还强调，做好"六稳"工作、落实"六保"任务至关重要。"六保"是我们应对各种风险挑战的重要保证。要全面强化稳就业举措，强化困难群众基本生活保障，帮扶中小微企业渡过难关，做到粮食生产稳字当头、煤电油气安全稳定供应，保产业链供应链稳定，保障基层公共服务。同时，要在"稳"和"保"的基础上积极进取。决战决胜脱贫攻坚、全面建成小康社会，将为我们实现国内国际双循环相互促进的新发展格局奠定坚实的基础，也就打通了全面建设社会主义现代化国家新征程的通道。

五、构建国内国际双循环相互促进的新发展格局，要提升产业链供应链的安全稳定和竞争力

一个国家的产业竞争力取决于整个产业链的综合竞争力，要确保经济安全必须从战略全局着眼，建立维护我国产业链安全的有效机制。受疫情的冲击和影响，出现了全球产业链供应链的调整和变化，使我们在某些领域、某些方面面临着产业链供应链受阻甚至断裂的威胁。为了减弱这种冲击和阵痛，我们必须补齐相关短板，维护产业链供应链安全稳定，提高产业链供应链的竞争力。

习近平总书记强调，要加快完善安全发展体制机制，补齐相关短板，维护产业链、供应链安全，积极做好防范化解重大风险工作。我们要科学布局产业链，确保重点产业安全稳健发展；有效提升价值链，提升重点产业核心竞争力；全力确保供应链，提高产业配套发展能力；协同打造创新链，确保关键产业自主可控；着力构造防护链，增强产业的风险抵抗力。

建立维护产业链供应链安全有效机制的政策，重点应该包括建立维护产业链安全的宏观管理机制，建立维护产业链安全的协调服务机制，建立维护产业链安全的信息畅通机制，建立维护产业链安全的风险评估机制，建立维护产业链安全的预测预警机制，建立维护产业链安全的国际合作机制。我们必须树立总体国家安全观，坚守底线思维，增强危机和国家安全意识。必须立足社会主义初级阶段这个最大的实际，

切实把自己的事情办好。习近平总书记指出："农业基础地位任何时候都不能忽视和削弱，手中有粮、心中不慌在任何时候都是真理。"这次新冠肺炎疫情如此严重，但我国社会始终保持稳定，一个值得高度重视的经验就是粮食和重要农产品稳定供给功不可没。为统筹常态化疫情防控和经济社会发展工作，我们要保障粮食等主要农产品生产供给，要继续强化"米袋子"省长负责制，做好"菜篮子"市长负责制。新形势下要着力解决农业发展中存在的深层次矛盾和问题，重点从农产品结构、抗风险能力、农业现代化水平上发力。

六、构建国内国际双循环相互促进的新发展格局，要发挥社会主义基本经济制度的突出优势

党的十九届四中全会对社会主义基本经济制度进行了系统性的概括，实现了当代马克思主义、21世纪马克思主义政治经济学理论的创新。以公有制为主体，多种所有制经济共同发展，以按劳分配为主体，多种分配方式并存，社会主义市场经济体制等社会主义基本经济制度，既体现了社会主义制度的优越性，又同我国社会主义初级阶段社会生产力发展水平相适应，创造了世所罕见的经济快速发展奇迹和社会长期稳定奇迹。习近平总书记强调了社会主义基本经济制度的突出优势："既有利于激发各类市场主体活力、解放和发展社会生产力，又有利于促进效率和公平有机统一、不断实现共同富裕。"我们用社会主义来引领市场经济的前进方向，更好地处理政府和市场的关系，努力将市场的作用和政府的

作用结合得更好一些。这就是我们经过不断探索，走出的一条中国特色社会主义市场经济新路。

七、构建国内国际双循环相互促进的新发展格局，要求各地区各部门各方面对国之大者要心中有数

面对如此繁重的任务，我们必须努力把自己的事情办好。一分部署，九分落实。习近平总书记要求各地区各部门各方面对国之大者要心中有数，强化责任担当，不折不扣抓好中央决策部署和政策措施落实，在务实功、求实效上下功夫。要加强协同配套，增强政策举措的灵活性、协调性、配套性，努力取得最大政策效应。要转变工作作风，坚持实事求是，尊重客观规律，把更多力量和资源向基层下沉，力戒形式主义、官僚主义。特别是当前的"六稳""六保"要多下苦功夫，纾困和激发市场活力。完善政策执行机制，有效引导多方行为，破除政策执行层面的肠梗阻。

怎么才叫形成了国内大循环?

○ 张　军

复旦大学经济学院院长

◎ 国内大循环的核心要义应该是高度开放大多数我们自己的行业和市场准入,要使得中国巨大的国内市场真正走向很高的开放度、安全性和流动性,假以时日,中国真正能形成全球最具创造性的生产要素能够在中国这个巨大的市场"循环"起来的沃土,也只有这样,我们14亿人口的国内市场才能真正成为我们经济发展可以依赖的国内力量。

◎ 在战略上我们不可能因为美国封锁而单打独斗,有智慧的做法一定是在科技和金融两大领域更大程度地推进开放和全球合作,用双赢的策略来应对可能的脱钩挑战。

◎ 过去几十年的经验和教训告诉我们,很多国内市场或行业存在的问题讲了再讲,都不容易得到克服,但是一旦这个领域开放了,很多问题就迎刃而解,变成繁荣的市场。

"国内大循环"是个新提法，也是第一次出现在中央的决定中。不过，我是知道"国际大循环"这个提法的，也依稀记得原来在国家计委经济研究所的王建向政府提出的这个建议在当时是如何受到关注和讨论的。说白了，"国际大循环"是对当时流行的"两头在外"的加工出口战略的形象概括，是有意义的，毕竟那时候我们的起点低，设法利用发达国家技术转移的机会，通过扩大加工出口来推进经济发展，肯定是个捷径。我想这个建议与当时领导人的想法也不谋而合，因为邓小平就有类似的想法。

　　邓小平在 1979 年 10 月的一次讲话中说："我到新加坡去，了解他们利用外资的一些情况。外国人在新加坡设厂，新加坡得到几个好处，一个是外国企业利润的百分之三十五要用来交税，这一部分国家得了；一个是劳务收入，工人得了；还有一个是带动了它的服务行业，这都是收入……我认为，现在研究财经问题，有一个立足点要放在充分利用、善于利用外资上，不利用太可惜了。"邓小平访问新加坡是 1978 年11 月。在此之前，原国家经贸委和原国家计委组织考察团联合到中国香港和在中国澳门考察，之后撰写了《港澳经济贸易考察报告》。报告建议把靠近香港的宝安县（即后来的深圳）和靠近澳门的珠海县划为出口基地，力争三五年里建设成为对外生产加工基地以加强内地与香港和澳门的经贸联系。

这个建议的理由很简单，香港的地价和劳动力价格都太昂贵，如果能在珠海和宝安建立一些与出口加工和航运有关的工业区，既可以充分发挥广东的土地和劳动力的比较优势，又可以利用香港和澳门的资金和技术来发展当地的经济，岂不是一举两得。在得知港澳考察报告的建议和中央领导人的初步想法之后，1978年6月，广东省便着手研究关于迅速开展对外加工装配业务和宝安、珠海两县的建设问题。与广东省不谋而合的还有香港招商局提出的要在宝安的蛇口设立工业区的方案。时任香港招商局副董事长的袁庚建议，在靠近香港的蛇口建立工业区，利用其廉价的土地和劳动力，加上香港的资金和技术，可以发展加工出口。

1979年7月，蛇口工业区破土动工，成为中国第一个出口加工区。同样受亚洲"四小龙"利用外资和外国技术加快经济发展的考察报告的影响，广东省希望中央给广东放权，抓住先行者产业转移的机会，让广东充分发挥自己的后来者优势，先行一步。广东希望在与香港和澳门接壤的汕头、宝安、珠海三个地方搞出口加工试验，利用外资，引进先进技术设备，搞补偿贸易和加工装配，搞合作经营。除了广东，与台湾岛隔海相望的福建省也提出在厦门建立出口加工区的要求，希望利用侨乡优势，积极吸收侨资侨汇，大力发展加工出口。所以最终在1979年7月，经最高领导人同意，决定在广东的深圳、珠海、汕头和福建的厦门，划出一部分区域试办出口特区，给地方更多的自主权，发挥比较优势，吸引外资，把经济搞上去，还特别强调重点把深圳的出口特区办好。

1980年9月，时任国家进出口管理委员会副主任的江泽民，带领国务院有关部门和广东、福建两省，深圳和厦门两个特区负责干部组成的9人小组，到斯里兰卡、马来西亚、新加坡、菲律宾、墨西哥、爱尔兰等6国的9个出口加工区、自由贸易区进行考察，为特区建设提供了国际经验的支持。他们的基本看法也是：无论国家穷富、无论实行何种经济制度，用建立经济特区的特殊办法来利用外资、引进技术、进口设备、促进经济繁荣、提高国际竞争力，这是一条十分重要的途径。以上这些细节在我去年出版的著作《改变中国》里都有记载。

王建在1987年把这些早期的经验概括为参与国际大循环的战略，建议中国要坚持走国际大循环的道路，这是值得肯定的战略选择。也有当时的有利条件，特别是经济全球化已见端倪，发达经济体也都遇到了成本上升和通货膨胀困扰，有转移投资和技术的需要。中国这个时候提出开放实验战略，通过兴办特区鼓励发展加工出口产业，正好不谋而合，尤其是对香港和台湾地区也是个机遇。所以，在改革开放初期我们很快就走上了一条能很好利用经济全球化机遇的追赶道路。

我和林毅夫教授曾经合作为一本在牛津大学出版社出版的书撰写了一章，书名是 *How Nations Learn*，我们撰写的这章题目就叫"China: learning to Catch up in a Globalized

World"，讨论的就是中国是如何学会利用后来者优势来实现快速经济追赶的经验。我们在文中就说道："把中国取得的经济成就归因于它的改革和开放当然是对的。但是，作为工业化的后来者，它真正的成功之处在于从一开始把握住了向先行工业化国家和先进经济体的学习机会，并能够利用这些机会来充分发挥其作为后来者的优势，快速推动了本土的工业化和经济转型，最终使中国恰当地纳入全球经济，成为全球经济和贸易增长的最重要贡献者。作为大国，中国毫无疑问是战后最成功的学习者。"

这个评价隐含地指出了中国能够成为全球化的最大受益者，是因为中国学会了利用来自发达国家的外资和技术，积极发展加工出口和贸易部门来实现经济追赶的东亚经验。不仅如此，中国的人口规模大，起点更低，在很多方面可以比东亚新型工业化经济体走得更远。还记得中国沿海地区的出口企业被人称为"血汗工厂"吧？是的，这不夸张。因为这个，MIT（麻省理工学院）的黄亚生教授写出那本在西方很受关注的书 Selling China。香港中文大学的宋恩荣教授在一篇讨论这个问题的文章中说得很清楚，加工出口其实是大多数后进国家或地区促进出口的一种常用方式，它通过豁免进口中间品和零部件的关税来促进出口增长。但是，看看那时候的中国，还真不太一样，因为在东亚新兴工业化经济体中，加工出口的流行形式是本土企业的"进料加工"，而在中国，由于早期本土企业技术装备落后并缺乏足够的人力资本，在深圳和整个珠江三角洲地区的加工出口至少在 20 世纪 80 年代多为"来料加工",甚至设备也由外商提供,本土企业仅赚取微薄的加工费。

差不多一直到90年代初,进料加工在中国制成品出口中的比重才超过来料加工。这说明,80年代那时候的底子太薄,技术水平太差。通过"血汗工厂",我们不仅可以挣点加工费,还可以干中学,获得进步,就这样我们一步一步走了过来,直到今天我们成为世界第二大经济体,我们可以生产并出口大量的技术复杂和高科技产品。现在情况不同了,全球的局面在变化,问题也就来了。全球化遇到了些问题,主要是美国带头反悔,对一些自由贸易协定不满,包括WTO。这对全球经济都不是好事。特别是特朗普上台后觉得中国从全球化中获得的利益比美国多,决定要改变美国的对华政策,要限制美国企业与中国的往来和合作,也阻止中国企业在美国的投资和经营。

这次更是利用新冠肺炎疫情大做文章,对中国企业实行歇斯底里的打压和制裁。有些人说,特朗普干的事情在后特朗普时代也不会有大的改变,意思说美国视中国为强大竞争对手的认识不会轻易改变。这没有错,毕竟美国对华态度的改变多半是中美经济实力变化的结果。出于这样的逻辑,中国这个时候当然也不会假设碰上特朗普是个意外和不幸,虽还坚持和努力促进中美关系的改善,但同时肯定是会有更长期心理准备的,尤其是在科技产业和金融领域做好应对准备,切实把自己的事办好,减少因美国的制裁或技术合作终止而陷入非常被动的尴尬局面。

我认为，无论全球化遭遇什么阻力，也不管中美关系的恶化能走多远，现在不是苏联撕毁合同撤走专家的那个时代，这个要有客观的估计，我们不可能再回到闭关锁国的年代。在这种情况下，我们需要有调整发展战略的意识，更需要有进一步推动国门开放的意识，这才是对的。仔细想想，我们经济总量变老二了，但在对外经贸和投资上的很多政策还不是依旧停留在早期的思维方式上吗？两个大国的贸易摩擦不能说主要是因为意识形态和价值观的冲突，这个方面的冲突即便有，在过去40年也一直存在，主要原因应该还是，你太小的时候，出门搭大人的便车，别人不在意，也不会认为你占了便宜，不会认为不公平，但当你长大了，块头大了，别人的看法就会不一样，你出门就得自己打车或自己开车，至少你出行是要付出代价的，这样才显得公平。

　　以经济学家的眼光来看，改变我出门的旧习惯不是坏事，反而对自己也是好事，不然我就走不远。所以，我们今天提出要形成国内大循环，不是说我们拥有别人没有的巨大国内市场，也不是说我们依赖我们自己的国内市场就能很好地发展经济，说这个是没有什么太大意义的。

　　我们要明白，一个市场如果做不到高度开放、安全和自由流动，对经济发展是没有意义的。中国要更大程度地开放我们的行业准入并能提供安全和自由的市场给全球投资者，包括美国的，才能让我们的国内市场服务于我们的经济发展。过去我们是反过来的，因为非常落后，我们是利用人家的开放、安全和自由的产品与要素市场来发展我们的经济。美国和欧洲一直抱怨我们有很多之前谈判时承诺的市场开放没有兑现，没有做好。什么原因？旧思维在作祟。很多人说，形成国内大循环就是我们的经济发展要依靠国内巨大的市场。这个说法不准确，重要的不是国内市场规模，而是国内市场能否被"循环"起来。

美国的经济是典型的大国经济，国内市场巨大不完全是因为美国有3亿多人，而是因为美国的国内市场是一个高度开放、安全和自由流动的市场。全世界的生产性要素（包括人才、资本、金融）都愿意去那里。说美国是一个立足国内大循环、国际和国内两个循环相互促进的经济体，好像也很恰当。

我在英文世界的意见领袖平台Project Syndicate（世界报业辛迪加）上写过一篇文章，其中说道，应该把中国最近提出的要尽快形成并将经济发展立足国内大循环的说法看作是对加快向全球更大开放中国国内市场准入的承诺。有人问我，你为什么会这么说？我说，你可以想想，我们过去几十年的经验和教训告诉我们，很多国内市场或行业存在的问题讲了再讲，都不容易得到克服，但是一旦这个领域开放了，很多问题就迎刃而解，变成繁荣的市场。中国说要依托国内市场来发展经济也讲了很久了，但要转变这个重心谈何容易。

原因是什么？不是因为我们热衷于国际大循环，而是因为我们还在保护自己落后的市场和行业。在这些方面，我相信外国投资者的感受比我们强烈多了。所以，中央提出的国内大循环，核心要义应该是高度开放大多数我们自己的行业和市场准入，要使得中国巨大的国内市场真正走向很高的开放度、安全性和流动性，假以时日，中国真正能形成全球最具创造性的生产要素能够在中国这个巨大的市场"循环"起来的沃土，也只有这样，我们14亿人口的国内市场才能真正成为我们经济发展可以依赖的国内力量。

科技和金融，是美国给我们施压和试图脱钩的两个领域。我们自己当然要有准备。不过，我们必须想明白，在战略上我们不可能因为美国封锁而单打独斗，有智慧的做法一定是在科技和金融两大领域更大程度地推进开放和全球合作，用双赢的策略来应对可能的脱钩挑战。

我们现在说扩大内需也说了至少20年了，但国内市场和行业准入铁板一块，各种限制还是那么多，包括在金融领域，让国内外的投资者望洋兴叹，哪里来创造更大需求？即便在眼下，我们在通信、信息、金融、保险、医疗、教育、文化以及康养等领域,潜力巨大,可是由谁来激活我们巨大的需求市场？中国人做事历来有两个特点：第一，自己说要干个什么事，也不见得真当回事，但是如果受人欺压或遇到外部危机了，我们会特别当回事，动真格。第二，做事总喜欢讲求策略，事要做，但要做得巧妙，有里有面。真的要是在我上面所谈的国内大循环问题上做好文章，真的一举两得。

国内国际双循环如何让中国经济"气血充盈"？

○ 韩保江

中共中央党校（国家行政学院）经济学教研部主任

◎ 中国经济存在的结构性"供需梗阻"，严重影响中国经济的循环畅通，进而损害中国经济效率，制约经济发展。我们强调"以国内大循环为主体"，就是要自觉立足社会主要矛盾新变化，充分发挥好 14 亿人口的美好生活需要所汇集成的超大国内市场规模优势，打通中国经济存在的"供需梗阻"。

◎ 要消除结构性"供需梗阻"，最重要的还是要从供给侧结构性改革上想办法、定政策，通过去除没有需求的无效供给，创造适应新需求的有效供给，打通供求渠道，努力实现供求关系的动态均衡。唯有如此，中国经济才能"气血充盈"，激发活力、行稳致远。

◎ 深化供给侧结构性改革，说到底最终目的是满足需求，主攻方向是提高供给质量，根本途径是深化改革。

◎ 讲国内大循环带动国际大循环，是因为中国作为发展最快的世界第二大经济体和最具需求潜力的世界市场，本身就是驱动世界经济增长的重要引擎。

无论是应对新冠肺炎疫情仍在世界肆虐蔓延而导致的外需萎缩，还是应对世界百年未有之大变局带来的外部严峻挑战，集中精力办好自己的事情，充分用好世界第二大经济体和国内超大规模市场优势，苦练"发展内功"，都是唯一正确的选择。但关键要看这个"发展内功"的功夫高低。而决定这个功夫高低的关键则是能否真正形成以国内大循环为主体，国内国际双循环相互促进的新发展格局，从而做到国内大循环带动国际大循环，国际大循环促进国内大循环的畅通互动。

正像气血通畅决定人的健康和寿命一样，经济循环通常决定着经济的健康和发展能力。因此，我们强调"以国内大循环为主体"，就是要自觉立足社会主要矛盾新变化，充分发挥好14亿人口的美好生活需要所汇集成的超大国内市场规模优势，打通中国经济存在的"供需梗阻"，从而确保社会再生产的生产、流通、分配、消费各环节循环畅通，不断增强中国经济发展的内生动力。

鉴于我国人均国内生产总值超过1万美元及恩格尔系数低于30%，尤其是4亿多人口的中等收入人群的形成并不断壮大，人民美好生活需要的内涵不断丰富。人民不仅对物质文化生活需要提出更高要求，而且期盼有更好的教育、更稳定的工作、更满意的收入、更可靠的社会保障、更高水平的医疗卫生服务、更舒适的居住条件、更优美的环境等。与人民美好生活需要汇集而成的超强国内需求和超大国内市场相比，中国经济存在的结构性"供需梗阻"，严重影响中国经济的循环畅通，进而损害中国经济效率，制约经济发展。

要消除这些结构性"供需梗阻"，增强经济发展动力，需要采取更加积极的财政政策和稳健的货币政策以维持必要的需求张力，进而确保"六稳"和"六保"等基础目标的实现。但最重要的还是要从供给侧结构性改革上想办法、定政策，通过去除没有需求的无效供给，创造适应新需求的有效供给，打通供求渠道，努力实现供求关系的动态均衡。唯有如此，中国经济才能"气血充盈"，激发活力、行稳致远。

深化供给侧结构性改革，说到底最终目的是满足需求，主攻方向是提高供给质量，根本途径是深化改革。讲最终目的是满足需求，就是要深入研究市场变化，理解现实需求和潜在需求，在解放和发展社会生产力进而破解发展不平衡、不充分难题中更好满足人民美好生活的需要。

讲主攻方向是提高供给质量，就是要按照创新、协调、绿色、开放、共享五大新发展理念要求，不断巩固"三去一降一补"成果，最大限度地减少无效供给，扩大有效供给，着力提高整个供给体系质量，提高供给结构对需求结构的适应性。

讲根本途径是深化改革，就是要完善市场在资源配置中起决定性作用的体制机制，继续深化行政管理体制改革，打破垄断，健全要素市场，改善营商环境，使价格机制真正引导资源配置，同时要有力保护包括知识产权在内的各类财产权，大力弘扬企业家精神，激励创新，进而不断增强微观主体内生动力，提高盈利能力，提高劳动生产率、全要素生产率和潜在增长率。

我们强调"以国内大循环为主体"，并不是要搞自我封闭的"全能型"经济体系，而是要更加深入地融入全球价值链、产业链和供求链，推动构建国内大循环带动国际大循环，国际大循环促进国内大循坏的新发展格局。

讲国内大循环带动国际大循环，是因为中国作为发展最快的世界第二大经济体和最具需求潜力的世界市场，本身就是驱动世界经济增长的重要引擎。一方面，国内大循环畅通带来的中国经济高质量发展和人民收入水平的持续提高，必然导致进口增加并帮助世界其他国家释放过剩产能，从而带动其实现经济循环畅通，促进整个世界经济增长。另一方面，中国通过深入推进"一带一路"建设，带动沿线国家实现"政策沟通、设施联通、贸易畅通、资金融通、民心相通"，进而促进沿线国家乃至世界经济快速发展。尤其要在开发好国内市场的同时，积极对接畅通国际市场，不仅要继续加强国际经贸合作，加快国际物流体系建设，保障国际货运畅通，而且要保持与主要贸易国的沟通交流，协商解决供应链顺畅运行面临的难题，共同维护国际产业链供应链安全稳定。

精准发力构建"双循环"

○ 王昌林

中国宏观经济研究院院长

○ 杨长湧

中国宏观经济研究院对外经济研究所研究员

◎ 事实上,从国际经验看,任何一个大国经济或大型经济体都是以国内需求、国内市场为主体的,外部需求和国际市场只是国内市场和国内需求的延伸和补充。

◎ 改革开放 40 多年的经验表明,用好国际市场、资源和规则,对于国内发展和改革能够起到巨大的促进作用。中国经济无论成长到什么时候,都要在世界经济的江洋大海中游泳和搏击。

◎ 自主创新不等于封闭创新,而要善于利用国内国际两个市场、两种资源,加强国际科技合作,加大国际化科技孵化平台、离岸创新中心等新型平台建设力度,探索构建开放式自主创新体系,走开放创新道路。

构建以国内大循环为主体、国内国际双循环相互促进的新发展格局，内涵十分丰富。我们要以国内大循环为主体，但绝不是关起门来搞封闭运行。要看到，国内循环与国际循环是相互促进的统一整体。因此，我们要把满足国内需求作为发展的出发点和落脚点，加快构建完整的内需体系，以提升自主创新能力为主攻方向，以高水平对外开放为强大支撑，培育新形势下我国参与国际合作和竞争的新优势。

2020 年 7 月 30 日，中共中央政治局召开会议，分析研究当前经济形势，明确提出要"加快形成以国内大循环为主体、国内国际双循环相互促进的新发展格局"，"实现稳增长和防风险长期均衡"。构建"双循环"新发展格局，这是适应我国比较优势和社会主要矛盾变化、适应国际环境复杂深刻变化的迫切要求，是当前和未来较长时期我国经济发展的战略方向。我们要将扩大内需作为战略基点，坚持以供给侧结构性改革为主线，以创新驱动发展为主攻方向，以高水平对外开放为强大支撑，推动国内供需更高水平平衡，促进经济高质量发展，在构建"双循环"新发展格局中育新机开新局。

一、深化对"'双循环'新发展格局"内涵的认识

准确把握"双循环"新发展格局的核心要义和基本要求，

这是我们做好"双循环"新发展格局工作的基础和前提。

首先,"双循环"新发展格局要以国内大循环为主体。国内大循环是指社会再生产全过程包括生产、分配、流通、消费各环节的往复循环。其中,生产是起点,流通和分配是连接生产和消费的桥梁,消费是社会再生产的终点,也是新一轮再生产的起点。在市场经济条件下,经济大循环必然是实物运动循环和价值运动循环的结合,是实体的商品生产、分配、流通、消费过程与货币资金运动在社会再生产全过程中的合理分配流动循环相结合的过程。此外,在社会分工日益发展深化条件下,经济大循环必然体现为社会再生产在地域空间意义上的循环,包括在国内的城乡和区域间的循环。以国内大循环为主体是指社会经济增长主要依靠内需带动,对生产、分配、流通和消费循环具有较强的控制力。事实上,从国际经验看,任何一个大国经济或大型经济体都是以国内需求、国内市场为主体的,外部需求和国际市场只是国内市场和国内需求的延伸和补充。

其次,以国内大循环为主体绝不是关起门来搞封闭运行。这是"'双循环'新发展格局"的内在要求。必须认识到,在经济全球化的时代背景下,经济大循环必然是包含在全球地域空间范围内的循环。以国内大循环为主体绝不是指国际循环不重要了,或者说国际循环重要性下降了,而是要更好发挥我国超大规模市场优势,进一步提升开放水平。改革开放40多年的经验表明,用好国际市场、资源和规则,对于国内发展和改革能够起到巨大的促进作用。中国经济无论成长到什么时候，都要在世界经济的汪洋大海中游泳和搏击。当前，一些国家保护主义和单边主义盛行，但从长远看经济全球化仍是历史潮流，各国分工合作、互利共赢是长期趋势。我们要站在历史正确的一边，在高水平对外开放中促进发展、改革和创新。通过融入国际循环促进国内循环，就要用好超大规模市场优势扩大进口，促进高质量使用外资，加强科技领域开放合作，提升国内供给质量，推动供需平衡畅通，让中国经济在开放中欣欣向荣。

最后，国内循环与国际循环是相互促进的统一整体。这是形成"双循环"新发展格局的关键。国内循环与国际循环二者缺一不可。一方面，要着力打通制约生产、分配、流通、消费各环节的大循环梗阻，培育形成强大的国内市场，通过提升国内大循环水平更好促进国际循环。而且，从发展阶段看，目前我国已具备建立"双循环"新发展格局的诸多有利条件，比如，我国已成为世界第二大经济体，拥有完整的产业体系和全球规模最大最具成长性的中等收入群体，社会主义市场经济制度日臻完善，自主创新能力加速提升等。另一方面，要使国内市场和国际市场更好联通，更好利用国际国内两个市场、两种资源，通过国际循环更好促进国内大循环。

二、充分认识形成"'双循环'新发展格局"的重要性

建设"双循环"新发展格局是在国际政治经济环境发生复杂深刻变化时，针对我国经济发展新阶段出现的新情况，为解决现实问题而提出来的，有其深刻的历史背景。

一是适应我国比较优势变化的迫切要求。过去，我国劳动力丰富，但资金、技术缺乏，与发达国家的经济互补性很强，通过加入国际大循环进而带动国内经济循环，可以很好地发挥我们的比较优势和后发优势。现在，经济发展条件发生了很大变化。我国劳动力资源仍然丰富，但成本持续上升，资源环境约束强化；同时资金供给相对充裕，技术水平有了较大提高，国内市场潜力巨大，科技创新、人力资源、巨大市场等新优势正在日益形成和巩固。在此情况下，过去通过"两头在外"参与国际经济大循环带动国内，首先是东部沿海地区经济高速增长的循环方式越来越难以为继，迫切需要适应比较优势的变化，提升国内循环的质量和效率，提升我国在国际循环中的地位，构建以国内循环为主体、国内国际双循环相互促进的新发展格局。

二是适应我国社会主要矛盾和发展阶段变化的迫切要求。过去，我国发展的重点是解决"有没有"的问题，我们依靠"旧的'双循环'发展格局"参与国际经济分工与合作，大幅提高了人民生活水平。现在，我国人均 GDP 已超过 1 万美元，城镇化率超过 60%，服务业占 GDP 的比重超过 50%，总体上进入向全面建设社会主义现代化国家迈进的新阶段。靠原有发展模式难以实现新的目标，必须更好地挖掘内需潜力，挖掘国内产业链供应链发展潜力和参与引领国际循环的潜力，把满足国内需求作为发展的出发点和落脚点，提高经济自主可控发展能力，构建新的"双循环"发展格局，不断缩小城乡、区域间发展差距和社会群体收入分配差距，让发展成果更好地为全体人民所共享。

三是适应国际环境深刻调整的迫切要求。过去，经济全球化和新科技革命迅猛发展，我国抓住战略机遇期，积极融入国际分工与合作，实现了经济的快速发展。现在，和平与发展仍是世界潮流，但全球化遭遇逆流，贸易保护主义抬头，新冠肺炎疫情危机不断发酵，世界政治经济形势复杂性、不稳定性、不确定性上升。国际环境的复杂深刻变化，要求我们加快构建"双循环"新发展格局，充分发挥国内超大规模市场优势，集中精力办好自己的事，最大限度激活内生动力和活力，以国内发展基本趋势向好的确定性应对国际环境变化的不确定性。同时，通过繁荣国内经济、畅通国内大循环带动世界经济复苏，推动建设开放型世界经济，推动构建人类命运共同体。

三、扎实推动形成""双循环'新发展格局"

建设以国内大循环为主体、国内国际双循环相互促进的新发展格局，事关我国现代化建设全局。必须把满足国内需求作为发展的出发点和落脚点，加快构建完整的内需体系，以供给侧结构性改革为主线，以扩大内需为战略基点，以提升自主创新能力为主攻方向，着力打通生产、分配、流通、消费各个环节，培育新形势下我国参与国际合作和竞争的新优势。

一是要将扩大内需作为战略基点，加快构建完整内需体系。超大规模市场是联通国内国际市场、推动形成新发展格局的关键优势。要将这个优势发挥出来，就要着力扩大内需。内需是由居民消费需求、企业投资需求和政府需求有机组成的体系。应针对不同类型主体的需求，坚持问题导向，打通阻碍需求潜力激发的痛点和堵点。针对居民消费需求，应加快新型城镇化建设，深化收入分配体制改革，稳步提高居民收入，扩大中等收入群体；完善与我国国情和发展阶段相适应的社会保障体系，特别是提升农民工及其家属的保障水平，减少消费的后顾之忧；不断改善消费环境，提高商品和服务质量，推动居民消费升级。针对投资需求，应弘扬企业家精神，支持企业家专心办企业并获取合理回报，使企业"想投资"；落实好纾困惠企政策，特别是打通资金向实体经济流通的渠道，强化对市场主体的金融支持，使企业"能投资"；打造市场化、法治化、国际化营商环境，加强产权和知识产权保护，形成长期稳定发展预期，使企业"敢投资"。针对政府需求，应在实施更加积极有为的财政政策的同时，提升财政资金使用效率，让每一笔钱都花在刀刃上、紧要处。

二是要将深化供给侧结构性改革作为主线，提升产业链供应链发展水平。持续提升供给体系的质量与效率，是解决供需不平衡不匹配、畅通国民经济循环的关键。应深入贯彻落实供给侧结构性改革的"巩固、增强、提升、畅通"八字方针，当前形势下应将提升产业链供应链发展水平放在突出位置，充分发挥我国超大规模市场和工业体系完整的优势，着力推动强链补链固链，增强产业链供应链稳定性，维护产业安全。应制定实施有利于制造业高质量发展的一揽子政策措施，把提升全产业链水平作为主攻方向，鼓励企业增强上下游配套能力。引导各地根据不同要素条件优化生产力布局，促进区域间产业链供应链协作。立足我国区域间发展不平衡和产业布局存在差异等特点，更好挖掘产业梯次转移的空间潜力，为沿海产业向内陆沿边地区转移创造更好的条件。

三是要将突破关键核心技术作为主攻方向，着力增强自主创新能力。必须认识到，关键核心技术是要不来、买不来、讨不来的。要发挥新型举国体制优势，在科技资源配置中让市场发挥决定性作用的同时，政府也更好地发挥作用，加快关键核心技术攻关。要顺应新一轮科技革命和产业变革蓬勃兴起的趋势，加快推进数字经济、智能制造、生命健康、新材料等前沿领域的科技创新和产业发展。同时也要认识到，自主创新不等于封闭创新，而要善于利用两个市场、两种资源，加强国际科技合作，加大国际化科技孵化平台、离岸创新中心等新型平台建设力度，探索构建开放式自主创新体系，走开放创新道路。

四是要将高水平对外开放作为强大支撑，深入参与引领国际经济循环。眼下，国际金融危机前形成的世界经济三角循环格局正在发生深刻调整，新型分工方式、新型产业链价值链和区域化供需网络正在兴起，我国在新形势下的国际经济循环中大有可为，应坚持"引进来"和"走出去"并重。一方面，要用好超大规模市场优势，积极扩大进口，以服务业为重点扩大外资市场准入，打造国际一流营商环境，吸引集聚更多高质量外资企业。加快中欧投资协定、中日韩自贸区等谈判，与主要发达经济体建立更加紧密的产业和市场循环关系。另一方面，要推动共建"一带一路"高质量发展，以"走出去"开展国际产能合作为抓手，在我国有优势、沿线国家有需求的钢铁、电力、工程机械、轨道交通等资本品领域以及家电等消费品领域，抓好一批示范性国际循环项目，与相关国家之间形成合理分工和良性循环关系。

新发展格局背后的
经济规律

○ 史　丹

中国社会科学院工业经济研究所所长

◎ 深入认识新发展格局背后的经济规律，明确构建新发展格局
要畅通的关键环节，制定相关政策，有利于"于危机中谋新机，
于变局中开新局"。

◎ 构建新发展格局的核心是促进经济活动的畅通、连续。畅通
包括国内各个环节、各个产业、各个部门、各个区域之间的
畅通，也包括国内与国外的经济联通。

◎ 构建新发展格局的重点任务概括起来就是：打通创新链，加
快自主创新的步伐；补强产业链，确保经济协调稳定；稳定
供应链，增强本国企业的合作力度；提升价值链，实现高水
平对外开放。

◎ 关键要办好自己的事：通过体制改革降低要素成本，提升企
业投资意愿；进一步强化统一市场建设，消除阻碍商品和要
素流动的壁垒；推进新技术的应用，增加技术研发、基础研
究和教育的投入；加强产业国际合作，提升产业发展空间。

近段时间，中央提出的构建"以国内大循环为主体、国内国际双循环相互促进的新发展格局"引发广泛关注。当前世界处于百年未有之大变局，我国的国情国力和所面临的国际政治经济形势与改革开放初期相比已发生较大的变化。构建"以国内大循环为主体、国内国际双循环相互促进的新发展格局"，这是中央准确分析判断世界经济发展大势、我国当前与未来经济发展阶段转换存在的优势与劣势、面临的挑战与机遇，在新的国际环境下进一步利用好国际国内两个市场、两种资源，基于中华民族伟大复兴的战略全局所作出的重要战略决策，对我国未来发展具有重要指导意义。深入认识"以国内大循环为主体、国内国际双循环相互促进的新发展格局"背后的经济规律，明确构建新发展格局要畅通的关键环节，制定相关对策，有利于"于危机中谋新机，于变局中开新局"。

一、向新发展格局转换的经济条件

无论是促进出口（满足外需），还是扩大内需本质上都是促进供需对接。在改革开放初期，我国经济发展水平低，人均收入和包括劳动力、资源、环境等在内的要素成本与发达国家相比都比较低，虽然具有吸收外资的比较优势，但是因本国消费能力弱，生产与消费的平衡需要外需支持，否则国内生产的大量产品就无销路，产品生产无法循环，经济发展无法持续。改革开放初期，我国的供给能力也有限：日用消费品花色品种少，许多家电不能生产，工业产品和原材料供给不足，公共服务严重落后，无论是居民消费需求，还是企业和政府消费需求，都不能得到充分满足。实施"两头在外、大进大出"方针，一方面使我国融入了世界经济体系，另一方面解决了我国当时消费水平低、供给能力弱等问题。因此，外资和外贸对我国经济增长的贡献一度占较高比重。

现在我们提出"以国内大循环为主体、国内国际双循环相互促进的新发展格局"，总的来看有两个背景：一是国际金融危机之后，世界经济陷入衰退，贸易保护主义泛起。我国需要适应国际环境的变化，制定新的策略参与经济全球化。二是我国国情的变化。经过几十年高速发展后，我国经济总量跃居世界第二，人均GDP超过1万美元，形成了完整工业生产体系，农业生产能力和服务业发展水平快速提高，内需对经济增长的贡献率不断提升。外需虽然对中国经济发展仍然重要，但已不是主要贡献者。我国供给能力已基本上能够满足国内不断增长的需求。

就当下来看，受国际金融危机和贸易保护主义影响，全球跨国投资增长下降、贸易萎缩，加之新冠肺炎疫情在全球蔓延，进一步打击了全球投资与消费。我国趋于平稳的疫情和逐步恢复的市场消费、稳定的政策环境和不断改善的营商环境，使我国不仅具有保持"世界工厂"的条件，而且正在成为全球消费增长中心。促进国内供给和需求有效对接是我国经济进入新发展阶段的经济基础。如果说，"两头在外"、扩大和利用外需的政策在改革开放初期阶段为中国和世界经济发展作出了重要历史贡献，那么构建"以国内大循环为主体、国内国际双循环相互促进的新发展格局"同样顺应了中国和世界经济发展阶段和格局的变化。

进一步看，当前世界经济衰退，既有结构性问题也有周期性问题。我国供给侧结构性改革初见成效，为我国经济平稳发展奠定了基础。在此基础上，加大需求引导，可有效地应对因新冠肺炎疫情引发的周期性问题。我国是世界上人口最多的国家，市场潜力巨大。以内需为主，满足人民群众日益增长的美好生活需要，一方面体现以人民为中心的发展理念，另一方面也顺应经济发展的基本规律，以需求为导向配置资源。而且，我国地域广阔，东中西部和南北两地的经济发展级差和地理等方面的差异构成了不同层次的需求和消费周期，使得生产者具有更大的市场空间和调整余地。这些都是构建新发展格局的重要基础。

二、构建新发展格局的重点任务

构建"以国内大循环为主体、国内国际双循环相互促进的新发展格局"的核心是促进经济活动的畅通、连续。畅通包括国内各个环节、各个产业、各个部门、各个区域之间的畅通，也包括国内与国外的经济联通。在逆全球化思潮涌动和新冠肺炎疫情全球蔓延的背景下，避免经济活动中断和分割是首要任务。因此，要保持产业链的安全和供应链的稳定，坚持以创新推动我国经济高质量发展，提升产业竞争力和发展的主动权。当前，构建新发展格局的重点任务概括起来就是：打通创新链、补强产业链、稳定供应链、提升价值链。

一要打通创新链，加快自主创新的步伐。改革开放初期，正值经济全球化快速发展，我国采取的市场和资源"两头在外"的发展方式，加速了融入世界经济的步伐，推动了我国工业的快速发展，但同时也形成了我国一些关键技术、关键零部件、关键原材料对国外的依赖，缺乏世界知名品牌，这些都对我国产业升级和产业安全形成较大的制约。创新链是由知识创新、技术创新、产品创新等一系列活动及其主体组成。

推动国内大循环，首先要畅通产学研之间的联通，打通我国创新的市场障碍，构建自主可控的创新链，即面向企业和产业需求，加大我国基础性研究和技术创新的投入，整合科技力量，加大核心技术攻关力度，设立国家科技创新中心（或实验室）和中试平台，为企业和产业提供先进的科技成果和技术解决方案。同时，还要组织实施产业基础再造工程，通过创投基金等金融手段，构建自主创新的市场容错机制，培育一批采用国产技术和设备的产业群，为国产新技术、新装备、新产品建立市场空间，为自主创新"最后一公里"铺路架桥。

二要补强产业链，确保经济协调稳定。国际金融危机以来，产业发展呈现本土化、区域化趋势，尤其是新冠肺炎疫情在全球蔓延，全球产业链进行调整和重构，直接影响到我国产业链的安全和稳定。一方面，发达国家推进新兴产业全球价值链回流国内；另一方面，随着我国产业升级提速，要素成本攀高，劳动密集型产业国际竞争优势不断减弱。链式发展是当今产业发展的基本形式，发达国家的打压与制约以及发展中国家的竞争与争夺，在一定程度上对我国建立在全球产业分工基础上的产业链形成了制约。

加强产业链薄弱环节建设、维护产业链安全是保持我国产业体系完整性和发挥竞争优势的重要一环。具体来看，防止低端产业链被过早切割，要充分依托我国巨大市场及其需求层次的差异、国土幅员广阔及区域经济发展水平的梯度，促进多层次的产需对接，调整产业布局。避免产业链在高端断裂，要在经济发达、人力资源丰富的沿海地区和中心城市，加快发展科技型产业，完善国内产业配套体系，形成替代进口的技术储备、装备储备和产品储备，确保我国产业发展协调与产业链畅通，避免产业链中断对我国经济发展造成损失。

三要稳定供应链，增强本国企业的合作力度。全球产业分工网络是以大企业为中心、跨国公司为主导的分工网络。长期以来我国制造企业以加工贸易为主，大多数企业经营规模、专业化协作与国际同行相比有较大差距，缺乏促进供应链上下游企业深度合作的"链主"企业，中小企业之间分工协作主要发生在产业集群，本国大企业对中小企业的带动力较弱。这导致我国供应链协同管理能力不强，产能过剩矛盾较为突出。同时，受疫情和贸易保护主义抬头的影响，我国中小企业发展面临着较大的压力。因此，构建新发展格局，需要畅通大中小企业和不同所有制企业之间的合作关系，引导中小企业加入国内供应链，为中小企业发展创造国内市场空间。

四要提升价值链，实现高水平对外开放。强调"以国内大循环为主体、国内国际双循环相互促进"，不是要关上国门，而是将我国创新链、产业链、供应链有机嵌入全球创新链、产业链、供应链之中，让其成为全球创新链、产业链、供应链必不可少的组成部分，增强不可替代性。要以产业需求和技术变革为牵引，推动科技和经济紧密结合，努力实现优势领域、共性技术、关键技术的重大突破，推动"中国制造"向"中国创造"转变。要利用我国在部分高端制造业领域的先发优势，增强"中国制造"的品牌影响力，以对外投资和产品输出带动中国设计、中国标准输出，增加技术服务价值，提升我国产业在全球价值链分工的地位。

此外，我们还要更加积极地参与国际分工合作，稳住外贸外资基本盘，坚持进口与出口并重、利用外资和对外投资协调，增强国际国内两个市场、两种资源的黏合度，逐步实现由商品和要素流动型开放向规则等制度型开放转变，提升投资和贸易便利化水平，不断优化营商环境，利用"一带一路"倡议给我国对外开放带来的新机遇，促进资金、技术、人才、管理等生产要素与相关国家的交流与合作。

三、关键要办好自己的事

构建新发展格局，关键要办好自己的事，向深化改革、扩大开放要动力。

第一，通过体制改革降低要素成本，提升企业投资意愿。近年来，我国企业投资意愿下降，对我国经济增长和创新投资产生一定负面影响。为此要通过稳步推进要素市场化配置改革，降低制度性交易成本，提高企业投资意愿：一是完善土地供给制度，扩大土地要素市场化配置范围；二是加快完善资本要素市场，畅通资金流通，强化金融对实体经济的支持；三是促进劳动力素质提升，引导劳动力合理流动，加快发展技术要素市场，鼓励科技人员流动和多点从业，并给予相关税收优惠。

第二，进一步强化统一市场建设，消除阻碍商品和要素流动的壁垒。要着力打通阻碍生产、分配、流通、消费各个环节畅通的体制机制障碍，破解因资源配置不合理在上述环节形成的"堰塞湖"和"断头路"。比如，在生产环节，要畅通实体经济和中小企业的融资渠道。在流通领域，要解决港口、铁路、公路基础设施连接短板，形成无缝对接物流网络，降低物流运输成本；优化产业空间布局，进一步加强基础设施建设，畅通不同区域之间的要素流、商品流、信息流。在对外开放方面，要通过建设高水平的开发区、自贸区、自贸港、保税区等，开创面向更多国家的国际大循环；从制度、技术、规则上打通国内循环与国际循环相互融合、相互促进的堵点。

第三，推进新技术的应用，增加技术研发、基础研究和教育的投入。政府要围绕重点产业链、龙头企业、平台公司、重大投资项目等，引领企业和社会进行投资；对于战略性新兴产业、新基建以及推进大数据、互联网、人工智能、区块链等新技术与产业深度融合的项目，要给予融资和税收倾斜；重点加强产业配套发展能力，巩固传统产业链优势，促进新兴产业发展，增强参与国际循环的控制力和稳定性。在这一过程中，要用好政府采购手段，撬动民间投资，引导龙头企业盯紧关键环节的研发，逐步实现在关键环节、关键领域、关键产品的进口替代，向全球产业链高端环节攀升。要认识到，人才不足是我国制造业存在的突出问题。因此，要大力推动新工科教育发展，改革高等教育学科设置和人才培养制度，加大基础研究人才和工程科技人才的培养力度，为我国产业升级、增加国际竞争力储备人才。

第四，加强产业国际合作，提升产业发展空间。在当前的复工复产过程中，要注重加强恢复国际供应链，为外向型企业可持续发展提供支持。特别是要推动优势企业以核心技术、创新能力、自主知名品牌、营销网络等为依托，带动技术、标准、产品和服务"走出去"，拓展供应链协同的广度和深度，增强对全球供应链的整合能力，努力成为全球供应链的"链主"企业。还要看到的是，我国中小企业贡献了80%以上的城镇劳动就业，中小企业停业或者关闭，直接影响就业形势。保住中小企业也就是保就业、保稳定。

为此，我们要为中小企业持续稳定发展提供政策援助。一方面为其创造条件加强与国内大企业的合作；另一方面要充分发挥中小企业在供应链体系中的配套作用，鼓励其专、精、特、新发展。要继续坚持鼓励有条件的企业通过参与跨国并购等方式，建立健全全球研发、生产和营销体系，提升企业国际化布局和运营能力。总之，我们绝不能主动关上大门，而要推动形成以"链主"企业为主导、中小企业相配套、高校科研机构与金融机构相协同的产业发展生态，强化国内外创新链、产业链、供应链的关联互动，让开放的大门越开越大。

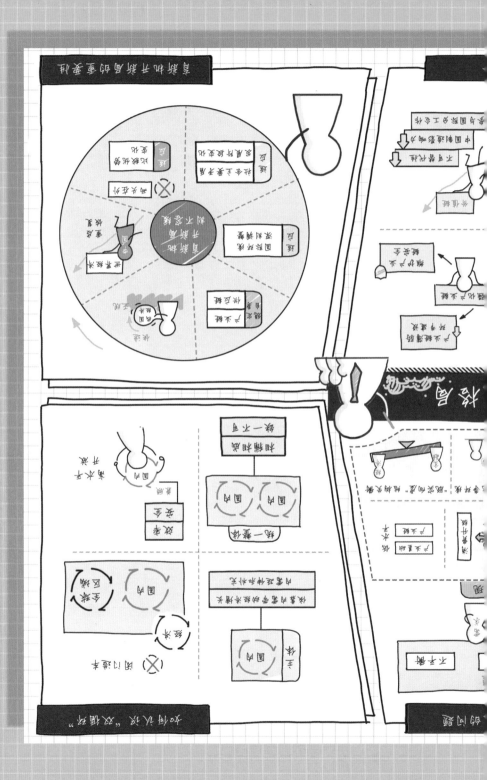

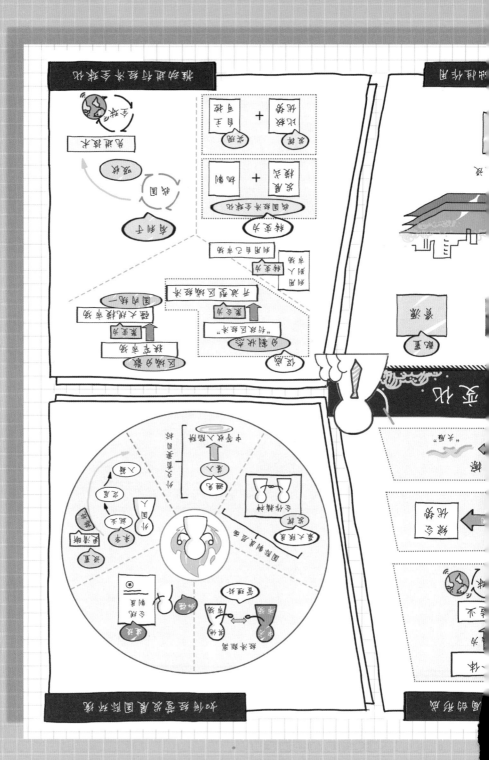

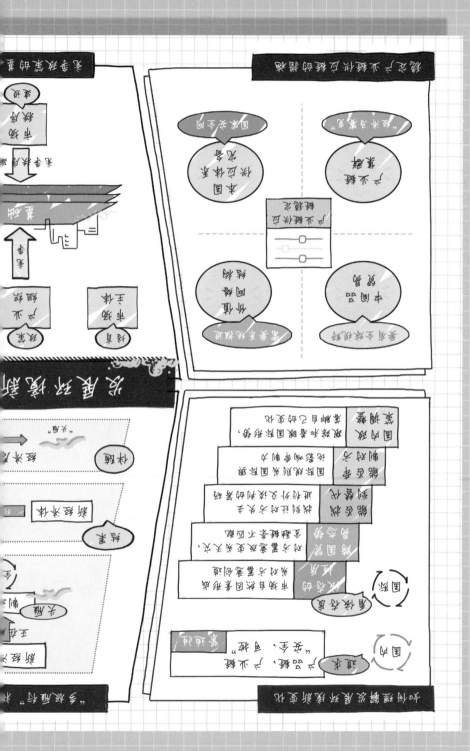

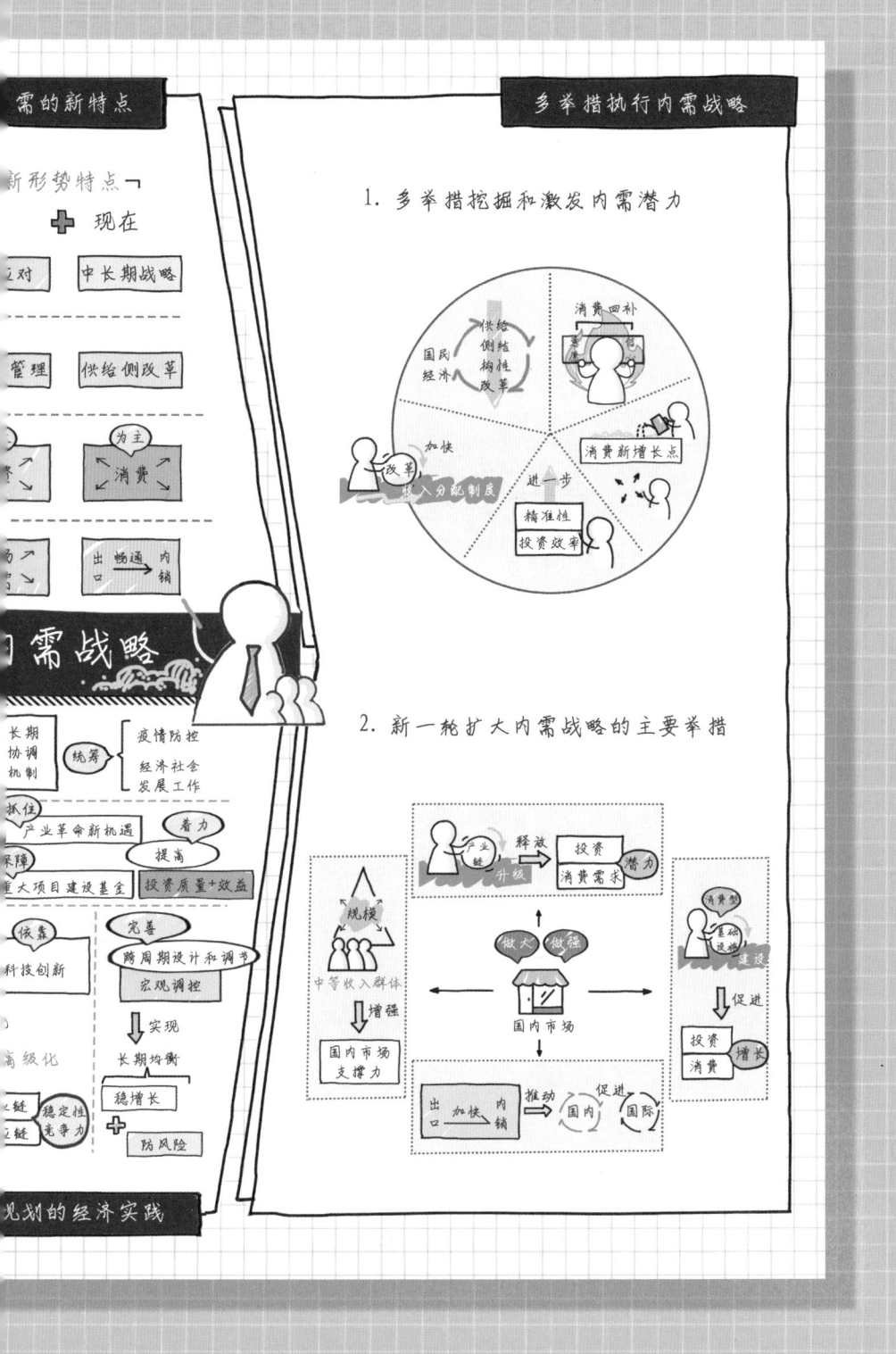

需的新特点

多举措执行内需战略

新形势特点

现在

应对 | 中长期战略

管理 | 供给侧改革

为主 | 消费

出口 → 畅通 内销

内需战略

统筹 — 疫情防控 / 经济社会发展工作

长期协调机制

抓住 — 产业革命新机遇

着力 — 提高

保障 — 重大项目建设基金 / 投资质量+效益

依靠 — 科技创新

完善 — 跨周期设计和调节 / 宏观调控

实现 — 长期均衡

高级化

稳增长 + 防风险

产业链 / 供应链 稳定性 竞争力

规划的经济实践

1. 多举措挖掘和激发内需潜力

供给侧结构性改革

国民经济

消费四补

加快 改革 收入分配制度

进一步 精准性 投资效率

消费新增长点

2. 新一轮扩大内需战略的主要举措

产业链 升级 → 释放 消费需求 → 投资 潜力

规模 做大 做强

中等收入群体 增强 → 国内市场支撑力

国内市场

消费型 基础设施建设 → 促进 投资消费 增长

出口 加快 内销 → 推动 促进 国内 国际

要正确理解国内大循环

○ 刘元春

中国人民大学副校长

◎ 任何一种经济循环，特别是一个大国的经济循环，都是由国内大循环和国际大循环组成的，到底是以国内大循环为主体，还是以国际大循环为主体，必须要以国家的发展阶段、发展环境，还有发展的目标来决定，而不能机械化、简单化地处理。

◎ 内循环是以满足国内需求为出发点和落脚点，以国内分工体系为载体，以国内生产消费分配流通等环节的畅通、新动能的不断提升为内生运行动力，以国际大循环为补充和支持的一个经济循环体系。

◎ 打造"双循环"几个很重要的要点：一、明确"双循环"的新格局战略实施的逻辑路径，要与前期的高质量发展、供给侧结构性改革对接，要以供给侧结构性改革为主，留住扩大内需的战略基点；二、要把"六保"政策在短期内落实下来，使生产分配流通消费的基本盘和产业链供应链基本盘得到稳定；三、目前的中美大国博弈，特别是核心技术攻坚战要打好，这是形成以国内大循环为主体的一个关键；四、解决好国内大循环存在的很多基础性问题，比如说习近平总书记反复强调的不平衡、不充分的问题，我们的全国上下一盘棋的大的统一市场的问题，区域协调的不稳定，还有收入分配差距过大的问题；五、国内国际双循环相互促进。

一、如何理解国内大循环？

现在大家都在讨论国内大循环，但重要的是大家一定要把它的基本概念梳理清楚，避免形成一些思想上的误解。因为任何一种经济循环，特别是一个大国的经济循环，都是由国内大循环和国际大循环组成的，到底是以国内大循环为主体，还是以国际大循环为主体，必须要以国家的发展阶段、发展环境，还有发展目标来决定，而不能机械化、简单化地处理。

我们必须要理清楚大国的内循环实际上是一直存在的，对中国来讲也一样。其实在传统的计划经济体系下，我国也有内循环，也有国际大循环。但是，以市场经济和市场配置资源为主体的这种国内大循环实际上是在过去四十多年改革开放的进程中逐步形成的。目前很多人就讲，"双循环"新发展格局要以国内经济大循环为主体，就是新形势下的闭关锁国，这种理解是严重错误的。习近平总书记已经再三强调，国内大循环，在本质上也是开放的，它与国际循环是相互促进、相互配合的。

还有一些人认为，以国内大循环为主体就是要简单地解决我们目前遇到的外需不足的问题，要通过出口转内销等方式来实现，因此"双循环"就是我们在国际产业链上要脱钩。

这个说法也是十分错误的。虽然在我们国内经济大循环的完善过程中，需要解决目前国际大循环动力不足、外需下降、外部环境风险急剧上扬的情况，安全问题成为政府需要重点关注的一个核心问题。但是，国内经济大循环不只是简单解决这个问题，它还要解决我们内生动力的问题，解决我们发展的主要矛盾所呈现出来的新问题、新规律。

还有一个说法，就是把什么东西都归结到国内大循环，甚至很多区域经济也在讲大循环。双循环新格局是一个战略，是一个国家整体性的战略，不是哪一个区域哪一个点上的战略，也不是划界到某一个问题、解决某一个问题的一些战略举措。所以我觉得，首先要澄清一些错误的理念，防止一些人利用"双循环"这个新理论，在没有很好地鉴定它的内涵的基础上，来宣扬他们的一些偏激的、落后的思想。其次就是在学术界，应该要把这个"双循环"发展战略的核心命题、基本体系梳理清楚。

那么内循环实际上很重要的就是以满足国内需求为出发点和落脚点，以国内分工体系为载体，以国内生产消费分配流通等环节的畅通、新动能的不断提升为内生运行动力，以国际大循环为补充和支持的一个经济循环体系。

这个体系，对于一个国家的发展，特别是在中国处于全面小康已经实现，要迈向现代化强国新征程里，必须作为我们的战略基本盘，作为我们统筹开放与安全、规模与安全的基本体系。我们要明确"双循环"新发展战略在目前的百年未有大变局、中华民族复兴的这样一个格局下的战略意义，要从战略思维、底线思维、辩证思维来把握该理论的时代背景。我觉得要明确我们的"双循环"新发展格局理论是我们新发展阶段，新的内外部环境和新的历史任务、条件下的必然的产物。这个理论有它的历史基础、实践基础，同时也有它的理论基础，不是无中生有出来的。学术界必须要把它的时代背景、历史基础、实践基础、理论基础、基本命题，还有核心内涵梳理清楚。在这次座谈会上，习近平总书记也反复强调了，目前这个理论进行了很多讨论，还需要继续，也希望我们提出一些争论。所以目前有一些争论也是正常的，要在争论中不断地明确我们的战略。

二、实现国内大循环需要解决的问题

第一个，就是要在思想上达成一个新共识，对于各种错误理念要有一个很好的批判和说服。一个将要主导整个"十四五"规划、主导未来一个时期发展的基础战略，必须上升到指导实践和开创政治经济学新格局的层面上。

我们要明确"双循环"的新格局战略实施的逻辑路径。要知道哪些是必须先做的，哪些后做，哪些是短期举措，哪些是中长期的安排，不能够什么事情都往这里面装。因为现在已经出现了一些认识上的噪音、理论上的杂音，同时也出现了一些地方在行动上的抢跑运动。比如说有些人就开始谋划中国必须实行全产业链，什么东西都要做、什么东西都要布局。这种狭隘的认识很可能真的导致内卷化。在逻辑上面，习总书记在这几次的阐述里面已经进行了一系列的梳理。我觉得在战略和理论层面，还有一个很重要的核心，那就是，要与前期的高质量发展、供给侧结构性改革对接，要以供给侧结构性改革为主，留住扩大内需的战略基点。供给侧结构性改革依然是我们实现"双循环"的战略性举措。

第二个就是我们要根据目前外部环境的变化和内部发展阶段的变化所凸显出来的风险问题、节点问题，有一些系统性梳理、针对性举措。这里很重要的一个就是目前我们要把"六保"政策在短期内落实下来，因为只有保就业、保主体、保民生等这几"保"能够得到很好落实，才能使我们的生产分配流通消费的基本盘和我们的产业链供应链基本盘稳定下来，而不至于出现一些断点、堵点甚至崩溃的情况。

第三个很重要的就是目前的中美大国博弈，特别是核心技术攻坚战要打好，这是形成以国内大循环为主体的一个关键。目前由于中美技术战、人才战、贸易战带来了核心技术、关键技术以及供应链产业链的冲击，我们必须在中短期内通过制度的显著优势，把核心技术攻坚战和产业链供应链的安全问题很好地解决。科技创新推动新动能，这是我们很重要的关键。

第四个是"双循环"要以国内大循环为主体，而国内的大循环存在着很多基础性的问题。比如说习近平总书记反复强调的不平衡、不充分的问题，我们的全国上下一盘棋的大的统一市场的问题，区域协调的不稳定，还有收入分配差距过大的问题。这些问题必须要以深化改革、激发新发展活力来作为它的基本解决方案。对于国内经济循环里所面临的断点堵点，我们必须要有一个系统性的方案，让它真正形成出第二轮改革红利。

另外一个很重要的就是国内国际双循环相互促进。我们要以内循环为主体，主要是要通过内部创新力的提升、配置力的提升，使中国经济参与国际合作有新的竞争优势，这是检验它的一个很重要的标准。通过内循环的稳固提升，从静态和动态的全面提升，来使中国在目前全球化发生重大变化的过程中，能够创造新的竞争力、竞争优势。这就也需要我们适应目前国际化的新格局，并以开放的路径模式、体系，作出新的变革。等于说参与国际大循环，我们的制度体系、生产关系上面也要有一个新的点。这就证明我们不是闭关锁国，而是要更高水平的开放。但是更高水平的开放，必须要关注安全问题。因此我们在"一带一路"、技术合作战略上要有新的理解。

这几个方面，我觉得是我们打造"双循环"的很重要的要点，也是习近平总书记在这一次谈话中重点强调的方面。那么这里面我们认为有些是短期内必须要解决的，有些是我们中长期要进行谋划的，所以说这里面需要我们在新格局上有充分的底层思维，同时也要求社会各界对这样的新格局的战略部署有一个新的认识，产生新的共识。

三、正确应对目前的国际形势

就目前的发展态势来讲，局部脱钩的概率是必然存在的，但是从历史发展的趋势和全球化构建的逻辑来看，中美是不可能完全脱钩的，我们必须要看到这一点。在这个问题上，不能简单化。我们不能简单地认为中美会完全脱钩、步入到以往的美苏的冷战格局当中，但也不能简单地掉以轻心，认为我们在过去几十年构建的以新自由主义为基础的单一的全球化还会延续。我们必须要看到全球化不可能终结，但必定会作出大调整。那么中国一方面要适应这样的调整，同时要引领这样的调整。在这个过程中，我们应对这样的一个"脱钩"，很重要的就是要稳住中国国内大循环的基本盘。因为只有稳住我们的基本盘，才能稳定我们的国际战略竞争力，才能够使我们经贸的"压舱石"在国际市场上的地位不发生变化。

第二个就是我们必须要突破美国对中国的这种极限施压、全面遏制的做法，使美国战略不能产生立竿见影的效果。我们要进一步地以开放来应对美国的孤立主义、单边主义和霸权主义，那么我们要跟所有愿意和我们进行贸易往来的经济主体和国家开辟开放合作的新局面，这个很重要。因此我们要进一步深化"一带一路"倡议，进一步强化区域性的多边合作。

第三个就是我们必须要在未来的几年实现关键技术的突破。同时我们要在"十四五"期间快速复苏的基础上，有一个持续的中高速增长，使我们能够稳定地跨越"中等收入陷阱"，从而使中美之间的大国关系发生质的变化。因为我们现在的 GDP 是美国的百分之六十多，如果那个时候我们能接近它的百分之八十，那么这个大国博弈就会从传统的不对称的模式向对称的模式进行演变，我们就会度过这样的一个窗口期。

对企业的制裁是本轮争端的一个特点。

首先我们要看到中国内循环、启动内需的潜力释放能够对我们很多被制裁的企业有一个很好的缓解作用。大家不要过度担心，一制裁就崩溃的这种现象在一些小国身上会出现，但在大国不会，最明显的例子就是华为这两年的绩效依然不错，没有崩溃。

第二个是我们必须要建立一个安全理念，在产业链、供应链上要有"备胎"。要突破美国的这种战略制裁。

第三个就是我们要通过进一步的开放、高水平的开放，开拓我们国际大循环的新局面，让我们出口的格局更加多元化，从而避免单一产业链所带来的锁定效应。

第四个就是在一些关键节点上，国家应当对相应的一些企业，按照规则给予救助，特别是对一些关键支柱产业、系统关键性的企业，要给予高度的战略支持。

四、"十四五"期间要做好的事情

"十四五"关键要做的第一件事就是，我们要通过核心关键技术攻坚战来突破美国对我们的"卡脖子"限制。

第二个是我们要通过以国家主导的基础研发体系，和大市场孕育大创新的市场创新体系，来真正实现创新驱动发展。

第三个是要通过我们的自主优势，让中国经济在后疫情期间，能够得到快速的恢复，并保持较好的增长态势。

因为疫情给全世界带来的不是简单的周期性、表象性的冲击，而是深度的、结构性的、趋势性的冲击，会改变很多。那么谁能够在后疫情时代快速恢复，进入常态轨道之上，谁就能够在新的全球经济循环、全球分工体系中获得重构。大家看到最近这几个月，我们的出口不仅没有下降，反而同比增长。原因就是我们国内的产业链、供应链率先得到恢复。所以即使在美国全面制裁时，我们也能够得到很好的增长。

第四个就是我们必须要在供给侧结构性改革的基础上，全面推出需求侧的深度改革，特别是在激发和需求潜能密切相关的收入分配体系、投融资体系上，要有深度的改革。我们能不能在"十四五"期间通过收入分配改革和国内大市场的进一步提升，来使我们的资本形成效率得到进一步的改进，是非常重要的问题，我们的内需驱动必须要依存于此。在"十四五"期间，我们需要在创新驱动、收入分配改革和社会建设的基础上，跨越"中等收入陷阱"。我们的社会建设要到位、公共服务体系要完善，使我们稳定地跨越"中等收入陷阱"，稳定地步入高收入阶层。

当然还有一个就是我们要根据世界经济的大变化、格局的调整来打造参与国际经济的新的竞争力。这是突破美国封锁的关键，也是检验我们内循环等战略的关键。

"双循环"是深层次的改革开放

○ 孔　丹

中信改革发展研究基金会理事长

◎ 中国巨大的市场规模、完整的工业体系、完备的基础设施，在全球范围内独具吸引力，在产业链转移风险加大背景下，仍应该通过加大开放措施，加速海南自贸港建设等，吸引外资流入。

◎ 做好外部经济衰退背景下的政策应对，鼓励出口转内销，以多边主义稳定贸易投资，加快中日韩自贸区和中欧投资协定等经贸框架谈判，协助外贸企业寻找替代出口市场。

◎ 培育高质量的国产服务供给，扩大国内最终消费。以要素市场化改革为主要抓手，推进新型城镇化为主要方向，进一步释放市场活力。

◎ 提高科技供应链的韧性，加强基础研究，提高政策层面对基础研究的支持力度。推进传统行业数字化转型，推动创新生产要素供给。

◎ 释放民营经济活力，推动教育和科技体制的改革；深化多层次资本市场改革，优化资源配置，增强金融服务实体经济的能力。

2020 年 7 月 30 日中共中央政治局会议指出，加快形成以国内大循环为主体、国内国际双循环相互促进的新发展格局。我认为，"双循环"的提出既是对短期疫情冲击下，国内外经济政治环境新情况、新问题的应对，从长期来看，更是面对世界百年未有之大变局，实现中国经济高质量发展的内在要求。"双循环"不是闭关锁国，根据改革开放四十多年中国经济发展的经验，立足大循环，促进"双循环"，需要更高层次的改革开放。

　　从国际来看，2020 年新冠肺炎疫情冲击下，世界经济陷入深度衰退，中美分歧与博弈加剧，全球供应链、产业链遭遇明显冲击。比如，从产业链层面来看，过去几十年全球化浪潮之下，世界各国广泛开展国际分工与合作。中国在此过程中受益颇多，形成了相对齐全的工业生产体系和相对完整独立的产业链条，并深度融入全球价值链，占全球制造业附加值近 30%，占全球进出口份额的 23%。

　　然而，随着疫情催生产业链回流、中美贸易摩擦持续以及全球成本竞争优势发生转移，国际大循环面临前所未有的挑战。此外，中美关系在美国疫情、特朗普大选等因素作用下，呈现新的格局，近期中美交锋正在贸易、金融、科技、军事、意识形态等诸多领域展开，中美博弈升级。中美变局影响深刻，从"国际大循环"到"以国内大循环为主体、国内国际双循环相互促进的新发展格局"，在我看来，其实体现了我国在百年未有之大变局之下积极的战略选择与调整。同时，促进国内大循环是实现中国经济高质量发展的内在要求。

在新冠肺炎疫情冲击下，中国经济体现了较强韧性，第二季度GDP增速重新回升至3.2%，在全球范围内首先走出疫情阴霾。根据IMF（国际货币基金组织）、世界银行最新预测，2020年全球经济陷入衰退，GDP增速下滑至-5%，而中国则是全球唯一正增长的主要经济体。然而，尽管迎来疫情后的经济快速反弹，但当前中国经济仍面临四大结构性失衡，即需求恢复慢于生产、三产恢复慢于二产、中小企业恢复弱于大型企业，以及实体与金融冷热不均，给经济恢复的可持续带来挑战。

当然，上述失衡不是全新现象，过去30年中国经济高增长，但供需失衡、区域失衡、行业失衡、企业失衡的矛盾有所加剧，成为困扰中国经济转型升级的难点。例如，实体经济结构方面，中国长期面临产能过剩局面，但供给难以满足需求，不少高品质商品还需依靠外部渠道才能获得满足；区域层面，东部沿海城市发展较快，中西部地区发展相对滞后；行业层面，金融业和房地产扩张与实体经济回报率下降形成反差；企业层面，民营经济发展常常面临着"玻璃门、弹簧门、旋转门"等障碍，生存空间小于国有企业。因此，中国经济结构的优化调整，持续释放内需潜力，缓解结构性失衡，立足内循环，促进"双循环"，亦是实现中国经济高质量发展的要求。

面对内外部经济形势的深刻变革、长短期中国经济的挑战与压力，怎么办？之前我经常提到举国体制的重要作用，就是我们要去催生建立新型的举国体制。大家可以回忆一下，我们把它分成 3 个版本。

举国体制在中国 1.0 版就是计划经济时期，建立了独立的工业体系。"两弹一星"给我们真正创造了今天稳定的"非对称性均衡"的环境，大家批评计划经济，有时候把它当作一种原罪来看待，但其实它是在一定的历史条件下的一种国家体制。

改革开放 40 多年，我认为是 2.0 体制。这个举国体制，大家其实是可以看到它在我们的发展道路上所起的重要作用的。1998 年亚洲金融危机，我们用举国体制处理好了亚洲金融危机，2008 年全球金融危机，大家对 4 万亿是有一点概念的，实际上我们中国率先用国家调整的能力处理好了那次危机。大家知道 2.0 版就是以从计划经济转向市场经济为背景、基础的。

而在世界经济面临百年未有之大变局的背景下，中国决策层作出"加快形成以国内大循环为主体、国内国际双循环相互促进的新发展格局"的最新部署，而这也可能成为贯穿中国未来 5 ~ 10 年发展的战略纲领，成为"十四五"规划的指导方针。我认为，这也要发挥举国体制，当然，3.0 版肯定不是简单的重复 1.0 版和 2.0 版的事情。我们要在原来的基础上去总结经验，去进一步探索和建立，去创新。可以肯定的是"双循环"不应该是闭关锁国，而应保持积极开放姿态。

中国巨大的市场规模、完整的工业体系、完备的基础设施，在全球范围内独具吸引力，在产业链转移风险加大背景下，仍应该通过加大开放措施，加速海南自贸港建设等，吸引外资流入。与此同时，也要做好外部经济衰退背景下的政策应对，鼓励出口转内销，以多边主义稳定贸易投资，加快中日韩自贸区和中欧投资协定等经贸框架谈判，协助外贸企业寻找替代出口市场。

与此同时，深化改革仍是"双循环"，特别是促进国内大循环的重要内容。要培育高质量的国产服务供给，扩大国内最终消费。通过以要素市场化改革为主要抓手，以推进新型城镇化为主要方向，进一步释放市场活力。提高科技供应链的韧性，加强基础研究，提高政策层面对基础研究的支持力度。推进传统行业数字化转型，推动创新生产要素供给；释放民营经济活力，推动教育和科技体制的改革；深化多层次资本市场改革，优化资源配置，增强金融服务实体经济的能力。

国内大循环对
"双循环"格局的重要性

○ 蒲　实

中共中央党校（国家行政学院）报刊社副总编辑

◎ 我们立足国内需求有序复工复产，同时在生产、分配、交换、消费等各领域各环节强化"六稳""六保"措施，我国经济呈现深 V 形恢复态势，为国内大循环奠定了良好基础。

◎ 14 亿人口形成的超大规模内需市场，已经成为我国经济发展的显著比较优势和我国强大的发展韧性所在，孕育着巨大的潜力与活力。

◎ 进一步挖掘内需潜力。支持适销对路的出口产品开拓国内市场，促进国内消费提质升级。积极培育新型消费，加快创造国内消费增量的新增长点。

◎ 健全和完善我国制造业产业链与供应链。找准高端产业发展中产业链、供应链存在的薄弱环节，开展集成研究、协同攻关，提升我国制造业的整体实力和先进制造业的整体技术水平。改善外商投资环境，打造先进制造业和关键产业链外商投资高地。

◎ 在体制变革与机制创新中构建内需体系的制度架构。构建完整的全国统一市场，畅通要素在国内各区域间的自由流动，打通不同区域之间的经济循环。深化投融资体制改革，完善各类市场主体平等参与投资的营商环境。

在危机中育新机，于变局中开新局。习近平总书记在2020年7月主持召开企业家座谈会并发表重要讲话，再次强调逐步形成以国内大循环为主体、国内国际双循环相互促进的新发展格局。通过发挥内需潜力，使国内市场和国际市场更好联通，更好利用国际国内两个市场、两种资源，实现更加强劲可持续的发展。习近平总书记的重要讲话为如何构建以国内大循环为主体、国内国际双循环相互促进的新发展格局指明了方向，也为我国经济行稳致远、实现高质量发展提供了根本遵循。

立足国内大循环，是构建国内国际双循环相互促进的新发展格局的重要基础。从外部看，新冠肺炎疫情在全球大流行，引发了全球经济的连续萎缩，给我国经济社会发展带来了极大的不确定性。这就要求我们深挖国内巨大需求潜力，以国内大循环引领国际循环，实现我国经济社会可持续发展。从内部看，内需是"双循环"的主引擎。我们立足国内需求有序复工复产，同时在生产、分配、交换、消费等各领域各环节强化"六稳""六保"措施，我国经济呈现深 V 形恢复态势，为国内大循环奠定了良好基础。从长期看，我国正处于转型升级的"阵痛期"，积极推进供给侧结构性改革的同时，一些结构性矛盾凸显。实现国内大循环，可以营造一个相对稳定和可控的环境，稳住产业链、供应链和经济运行，有效对冲日益增长的国际风险，促进价值链和需求链转型升级。

立足国内大循环，要把满足国内需求作为发展的出发点和落脚点，加快构建完整的内需体系。14亿人口形成的超大规模内需市场，已经成为我国经济发展的显著比较优势和我国强大的发展韧性所在，孕育着巨大的潜力与活力。一要进一步挖掘内需潜力。支持适销对路的出口产品开拓国内市场，促进国内消费提质升级。积极培育新型消费，加快创造国内消费增量的新增长点。二要健全和完善我国制造业产业链与供应链。找准高端产业发展中产业链、供应链存在的薄弱环节，开展集成研究、协同攻关，提升我国制造业的整体实力和先进制造业的整体技术水平。改善外商投资环境，打造先进制造业和关键产业链外商投资高地，更好辐射并稳定全球产业链、供应链。三要在体制变革与机制创新中构建内需体系的制度架构。构建完整的全国统一市场，畅通要素在国内各区域间的自由流动，打通不同区域之间的经济循环。深化投融资体制改革，完善各类市场主体平等参与投资的营商环境。

立足国内大循环，还要谋篇国内国际供给需求良性循环。实现国内国际双循环相互促进，既是中国经济高质量发展的内在要求，也是全球经济发展新趋势的客观需要，同时也彰显了中国作为全球第二大经济体的责任担当。为此，一要高质量推进"一带一路"建设，积极拓展国与国之间外贸、外资、技术贸易等经济层面的合作空间，加快培育新技术、新产业、新业态，夯实供应链基础，提升价值链层次，培育产业链生态，推进区块链应用，在全球产业链价值链深度分工调整和创新发展中作出新贡献。二要进一步增强国内循环与国际循环的柔性和韧性，从制度、技术、规则等多方面实现国内循环与国际循环相互融合、相互促进。

"纷繁世事多元应，击鼓催征稳驭舟。"在世界变局中着力构建以国内大循环为主体的"双循环"格局，是党中央根据国内国际形势发展的新变化、全球产业链供应链重构的新趋势和我国经济社会发展面临的新挑战作出的重大战略部署。各级党委和政府要深刻领会、认真贯彻，不断提高驾驭复杂局面、处理复杂问题的本领，以更高效的资源流动和要素配置打通国内国际双循环"血脉"，逐步形成以国内大循环为主体、国内国际双循环相互促进的新发展格局，加快培育新形势下我国参与国际合作和竞争的新优势。

开创"双循环"新发展格局的生动实践

○ 赵晋平

国务院发展研究中心对外经济研究部研究员

◎ 如何稳住外资基本盘、实现国际高端产业国内投资落地,是形成"双循环"相互促进新发展格局的关键着力点。

◎ 一方面要提升国内大循环的主体地位,补齐产业链供应链关键环节;另一方面要挖掘国际大循环的带动和优化作用,促进国外高端产业向内延伸和跨境融合。

◎ 苏州在稳外贸、创新招商模式、统筹内外资源、培育龙头企业等方面的积极成效,赢得了跨国公司的青睐,也为我们提供了重要启示。

在当前形势下，如何稳住外资基本盘、实现国际高端产业国内投资落地，是形成国内国际双循环相互促进新发展格局的关键着力点。江苏省苏州市上半年利用外资的突出成效为我们深化对"双循环"科学内涵的认识提供了实践经验。

一、提升"双循环"新发展格局的关键着力点

2020年5月14日，中共中央政治局常委会会议提出"构建国内国际双循环相互促进的新发展格局"。2020年两会期间，习近平总书记强调"逐步形成以国内大循环为主体、国内国际双循环相互促进的新发展格局"。7月21日，习近平总书记在企业家座谈会上再次强调，我们必须集中力量办好自己的事，充分发挥国内超大规模市场优势，逐步形成以国内大循环为主体、国内国际双循环相互促进的新发展格局，提升产业链供应链现代化水平，大力推动科技创新，加快关键核心技术攻关，打造未来发展新优势。这些论断为我们深入认识"双循环"新发展格局的科学内涵和关键着力点指明了方向。

提升国内大循环的主体地位，补齐产业链供应链关键环节。面对全球新冠肺炎疫情蔓延导致的产业链供应链"断链"风险，促使重要产品和服务生产、分配、流通、消费的全部

或关键环节在国内运行，形成内需主导下长期稳定的产业链供应链的必要性和紧迫性日趋凸显。我国具有的巨大国内市场和齐全产业体系等独特优势，对大多数商品而言有充分吸收出口转内销以及满足生产配套需求的能力。但是在一些高端产业领域，核心零部件和技术依赖于国外进口的相对比较劣势尚无法迅速改变。大力推动科技创新，加快关键核心技术攻关，这是提升高端产业在国内大循环主体地位的根本之策。

近年来，我国企业不断加大技术研发创新投入，在部分关键领域已经取得领先全球的技术成果，5G 技术就是其中之一。这充分说明通过加大研发创新投入，中国能够打破发达国家和跨国公司的技术垄断，推进部分高端技术环节在国内落地扎根。

挖掘国际大循环的带动和优化作用，促进国外高端产业向内延伸和跨境融合。改革开放 40 多年来，我国实行鼓励外商来华投资政策，大批跨国公司在国内投资兴业，对加快我国工业化进程、促进中国经济和世界经济融合产生了重要影响。国内企业依托自身相对比较优势对接和嵌入跨国公司生产网络、参与全球分工，逐步形成了较强的市场开拓和技术创新能力，为构建门类齐全、跨境延伸的中国现代产业体系打下了坚实基础。这说明利用外资对培育和提升中国高端制造业发挥了举足轻重的作用。

目前，我国在许多产品的核心零部件和装备制造等关键环节严重依赖进口的局面尚未改变，通过加大研发投入和创新来提升需要经历一定时间，并且可能面临缺乏基础领域研究、高端人才和尖端技术来源支撑等瓶颈制约，因此，在通过自主技术攻关掌握核心技术的同时，必须主动参与和融入国际大循环体系，通过双向国际投资和贸易活动，推进跨境产业融合，获得重要资源、技术、人才、资本等战略性资产，为国内大循环不断升级提供有力支撑。在这个过程中，吸引高端产业，特别是位处核心产品研发、制造等关键领域的跨国公司来华投资落地，尤其具有长远意义。

二、助力高水平"双循环"建设的"苏州实践"

当前，要做到吸引跨国公司，尤其是高技术企业来华投资，似乎存在很大困难和不确定性。但值得注意的是，2020年以来，国内许多城市在实现疫情防控和经济社会发展"双胜利"基础上，利用外资创造逆势增长、为优化国内大循环进行了生动实践，苏州就是其中一个典型案例。

商务部外资系统数据显示，2020年上半年，苏州市实际使用外资金额超78亿美元，同比增长151.6%。这个大幅度增长的背后折射出一个新的特点，即跨国公司投资项目加快落地苏州，引领着国际高端产业链供应链逐步向国内延伸和布局。这一点还可从苏州利用外资结构性特征中得到印证。一是外商投资产业结构进一步优化，产业链升级特征明显。二是大型项目加快增长，产业链"沉稳"效果凸显。三是转口型外资增长加快，周边区域投资者预期稳定。四是功能性企业加快集聚，供应链整合服务作用增强。苏州通过吸引国际资本落地、补齐产业链供应链的关键环节，形成了国内国际资源整合相互促进的发展新模式，不仅为维护和提升当地产业链供应链安全稳定打下了坚实基础，而且为地区经济高质量发展创造了新的增长空间。

三、"苏州实践"取得阶段性成果的原因和启示

从全球来看，巨大的现实和潜在的市场规模以及确保产业链供应链稳定的需要，是吸引跨国公司扩大投资的重要原因。从苏州来看，在稳外贸、创新招商模式、统筹内外资源、培育龙头企业等方面的积极成效，赢得了跨国公司的青睐，也为我们提供了重要启示。

积极应对外部环境变化，通过稳外贸稳定投资者预期。面对中美经贸摩擦等外部环境变化，用更快的速度开拓贸易市场打开新局面。贸易和投资紧密关联，联动作用明显。2020年年初以来，苏州深入分析研判出口贸易形势，着眼于化解外贸市场过于集中的风险，大力推进市场多元化，上半年对美贸易占比下降到21.9%，"一带一路"沿线贸易占比上升到23.3%。外贸形势逐步向好并展现出长期向好的潜力，作为外贸主体的跨国公司企业从中受益，对增强投资信心产生了积极影响。

运用数字化手段创新招商引资模式，为海外投资者提供优质和定制服务。面对疫情冲击，用招商引资创新打开新局面。苏州市推出了创新招商平台、创新引资模式、创新工作机制、创新营商环境建设等四大举措，成为"屏对屏"替代"面对面"招商的先行样板，形成了线上线下全天候创新招商合

作新机制。苏州全力提升营商环境和投资服务便利化水平，提升苏州城市品牌影响力，在经济活跃城市营商环境综合排名中位列第一。

加大创新驱动政策支持，提升高端产业和关键技术环节配套能力。面对产业结构转型升级的巨大压力，用更强的创新激励功能打开新局面。苏州市深入谋划创新驱动发展的新路径，以打造高水平创新基础设施来重塑产业创新生态环境，努力增强创新政策支持力度，2020年以来相继启动未来材料科学姑苏实验室、"苏州科学家日"制度等建设，致力于激发创新主体活力，为跨国公司高端产业、关键环节的落地投资提供生产和服务配套的能力明显增强。

整合内外要素资源，提升产业链供应链安全稳定性和高端化水平。面对产业链供应链"断链"风险，用更优的产业布局调整打开新局面。苏州市提出了"六个围绕"的产业链发展思路和促进政策体系；从统筹国内国际两个市场、整合内资外资两种资源出发，首创产业链全球合作云对接活动，在全球范围内吸收和整合产业链供应链组成要素，努力培育带动和引领作用明显的高端龙头企业。

如何构建工业科技领域的内循环？

○ 葛红林

中铝集团原董事长

◎ 面对国际变局，实现从受制到制衡的转变，要特别把握好三点：一是保持平静客观的心态；二是保持打持久战的心态；三是保持改革开放的心态。

◎ 在"十四五"规划中，要从国家战略高度重视关键有色金属等短缺资源的国际供应链安全，要把短缺资源的境外开发利用纳入国家战略的顶层设计，确保短缺资源的供应安全，保障"走出去"企业"走得回来"。

◎ 在"十四五"规划中，要充分梳理国内关键有色金属上下游产业链的"堵点"和联结"断点"，攻克"难点"，保障国内全产业链运转循环畅通，为经济社会平稳发展运行提供有效支撑。

◎ 在"十四五"规划中，要更加重视和体现"稀小金属"的战略价值，分门别类，构建和完善国家层面的资源保护性开发、后备资源基地建设、储备体系建设、研发应用创新体系建设等战略保障体系，为高科技产业发展提供战略资源支撑。

2020 年以来，高层会议多次提出"经济内循环"。在这一形势下，我们要突出炼好内功，实现从受制到制衡的转变，强化内循环，互动"双循环"。其中，为战胜愈演愈烈的产业链"去中国化"、高科技"排中国化"，必须及时调整、重塑工业核心研究院所。对于当前工业科技短板的要害，有的通过市场化的办法解决不了，则需要更好地发挥政府的作用，用超市场化的手段补短板。这是落实"内循环"的选择，绝不是否定以往的科研院所改革。

一、实现从受制到制衡的转变，强化内循环和互动"双循环"

可以说，当下的世界处于重大转折性变化之中，这个变化对世界各国来说既是契机，也是挑战。特别是近年来发生的一系列的重要事件，比如中美贸易战以及难以想象的新冠肺炎疫情后美国对中国的种种敌对表现。这些充分表明，世界正经历新一轮大发展、大变革、大调整，大国战略博弈全面加剧，新机遇、新挑战层出不穷，不确定不稳定因素明显增多。我们要有一种心理准备，在今后一个较长时期内，"全球化"将和"去全球化"抗争，"世界多极化"将和"单极世界"抗衡。

虽然世界变局中会出现跨国的政治、金融、资源、贸易甚至是军事等因素的干扰，但我认为，未来全球化和多极化是国际变局的总趋势，将有更大的广度和更新的深度。面对国际变局，实现从受制到制衡的转变，当前要特别把握好以下三点：一是保持平静客观的心态，既看透对方，又看清自身，审时度势，化力打力，扬长避短，见招拆招。处理冲突，有的要"举重若轻"，有的要"举轻若重"。二是保持打持久战的心态，既保持战略定力，又保持战术灵活，不怕变局，迎战变局，善于在变局中抓机遇，敢于在变局中开新局。三是保持改革开放的心态，以"全球化"抗衡"去全球化"，以"多极化世界"抗衡"单极世界"，要突出炼好内功，强化内循环，互动"双循环"。

二、为化解高科技"排中国化"，必须调整重塑工业核心研究院所

在计划经济时代，我国分行业组建了不少工业体系研究院所，形成了较为完备的科学研究体系。可以说，从中央到地方都有相应领域的科研院所，对我国工业发展起到了科技支撑的重要作用，有效化解了敌对国家的封锁。

改革开放以来，伴随着科技体制和国有企业改革，工业领域的科研院所几乎"一刀切"地实施了公司制改革，从事业单位转为"以效益为中心"的公司。这些市场化的改革，在一定程度上促进了科技成果的转化，也产生了不少副作用，科研项目趋向于应用型、效益型、短期型，而长远型、重大型、

原创型项目不断减少。攻克重大核心技术问题出现了淡化、弱化和虚化的现象，对此，工业界呼声不小。不过，值得欣慰的是，从现有工业科研院所设置和布局上看，体系仍完备，格局未打乱，只是作用未充分发挥好，为战胜愈演愈烈的产业链"去中国化"、高科技"排中国化"，必须及时调整、重塑工业核心研究院所。

我认为，有关部门应结合"十四五"规划，充分听取企业界的意见，梳理我国工业科研院所现状，按行业分析和谋划，整合重组，必要时新建若干工业核心研究院所，赋予其突破工业重大核心技术难题的国家使命，指明方向，明确任务。要实行计划性的科研保障措施，包括资金和待遇。要集中一批35岁以下的科技人才和精英，以"两弹一星"精神和集中力量办大事的办法，加快从补短板向创新转变，占领产业链的科技制高点。这些投入不仅值得，而且将远远小于受制于人所付出的代价。

必须指出，当前工业科技短板的要害，不是不知道"短板"，而是面对"短板"，有的是一筹莫展甘等受制，有的是心有余而力不足，有的明知是通过市场化的办法解决不了，但就是下不了决心等。更好地发挥政府作用，用超市场化的手段补短板。我认为当前是到下决心的时刻了，这是审时度势，实现新循环的选择，绝不是否定过往的科研院所改革。

三、突出有色"稀小金属"战略地位，为高科技产业发展提供支撑

对有色金属行业来讲，当务之急是，如何在大变局中，尽快消除关键有色金属领域的战略隐患，实现我国从受制到制衡的转变。

第一，要高度重视关键有色金属工业供应链的安全，加快补短板的步伐。近期大家在讨论"十四五"规划，"十四五"规划要从国家战略高度重视关键有色金属等短缺资源的国际供应链安全，要把短缺资源的境外开发利用纳入国家战略的顶层设计，确保短缺资源的供应安全，保障"走出去"企业"走得回来"。要制定高端材料补短板的清单，发挥集中力量办大事的制度优势与政府这只手的重要作用，组织跨行业、跨领域、跨地域的关键技术研发与应用攻关，从制度、经费、人才、机制上加强保障能力建设，提升具有自主知识产权的高端供应能力，加快补短板的步伐，尽快实现从受制到反制的转变。

第二，是在努力争取经济全球化有利外部环境的同时，重点保障国内关键有色金属全产业链的循环畅通。在"十四五"规划中，要充分梳理国内关键有色金属上下游产业链的"堵点"和联结"断点"，攻克"难点"，保障国内全产业链运转循环畅通，为经济社会平稳发展运行提供有效支撑。要建立政府组织引领的上下游协调协同机制，充分发挥行业协会熟悉行业的优势，从下游入手，逐层追溯产业链

协同问题，提出清单，有针对性地解决。要防止相关支持政策在新冠肺炎疫情后的集中、集体、短时间收缩，伤及行业产业链的稳定运行。

第三，更加突出有色"稀小金属"的战略性地位，加强优势资源保护，做好有色"稀小金属"这篇"大文章"。在"十四五"规划中，要更加重视和体现"稀小金属"的战略价值，分门别类，构建和完善国家层面的资源保护性开发、后备资源基地建设、储备体系建设、研发应用创新体系建设等战略保障体系，为高科技产业发展提供战略资源支撑，做好"稀小金属"的大文章，尽快消除战略隐患。

加快形成新发展格局的基本要义与时代价值

○ 戴　军
　　中共湖南省委党校经济学部主任
○ 卿树涛
　　中共湖南省委党校经济学部副教授

◎ 加快构建新发展格局，需要充分利用我国东、中、西、东北地区发展的梯度差异，更多地转向国内各地区之间的产业分工和消费市场开发，将这种循环模式的转变与调整有效融入东部率先发展、中部崛起、西部大开发和东北振兴战略实施中，有力地推动我国区域协调发展。

◎ 加快形成新发展格局，需要充分正视我国城乡发展之间的差异，加大农村生产设施、生活设施投入，进一步开发农村消费市场，补齐农业农村发展的短板，使投资—消费循环更多通过农村地区实现，从而较快地、实质性地缩小城乡发展差距。

◎ 加快形成新发展格局，需要加快解决我国关键领域核心技术的自主可控问题。关键领域核心技术的突破，既能形成新的产业，又能促进既有产业的升级，夯实产业基础高级化、产业链现代化基础，推动产业循环在更高水平更宽领域实现、产业结构更加均衡协调。

在全面建成小康社会、实现第一个百年目标基础上，开启全面建设社会主义现代化强国的新征程，从实现中华民族伟大复兴的进程来看，这是一个具有关键意义的阶段转换。习近平总书记在 2020 年 8 月召开的经济社会领域专家座谈会上讲话，将其定义为"新发展阶段"。这个新的发展阶段，将带来一系列新的机遇，也将带来一系列新的挑战。

着眼新发展阶段，如何从战略上谋划新的发展途径和方式，以新的发展思路解决新难题，实现新的目标任务，以习近平同志为核心的党中央提出了加快形成以国内大循环为主，国内国际双循环相互促进的新发展格局的战略思想。这是根据我国发展阶段、环境、条件变化作出的重大战略决策，是重塑我国国际合作与竞争新优势的重大战略抉择。加快形成新发展格局，反映了新发展阶段我国发展思路、发展战略的调整，是事关全局的系统性深层次变革，旨在以加快构建新发展格局，奠定新发展阶段抓住机遇、克服挑战、乘势而上，实现"新的两步走"目标的基础。把握加快形成新发展格局的基本要义，认识加快形成新发展格局的时代价值，是提高加快形成新发展格局行动自觉的前提。

一、把握加快形成新发展格局的基本要义

国民经济活动、经济增长是一个闭环，有赖于国民经济各环节、各部门、各方面的良性循环。这种循环从生产、再生产的过程来看，是生产、分配、交换、消费的衔接；从消费、投资方面看，是供给与需求之间的匹配；从区域、部门看，是内外、地区、城乡及产业之间的协调。国民经济活动是这些循环的过程与结果，它是一个庞大的闭环系统，哪个环节、部门、方面出现了"脱轨"，出现了漏洞，循环就会受阻，变得不畅通，国民经济活动、经济增长就会出现困难，就存在经济下行的风险。宏观调控的有效性，就是通过宏观政策工具疏通制约循环的"堵点"与"断点"。

改革开放以来，我国国内循环与国际循环互融促进经济增长的"双循环格局"已然形成。40多年的改革开放进程，一个标志性的特征就是中国经济渐次、加速融入世界经济大循环之中，呈现出明显的全面性、多层次性与深刻性，今日中国经济与世界经济已成为"你中有我，我中有你"的关系。在经济全球化环境下，就一国而论，没有绝对的国内循环与国际循环之分。国内循环与国际循环本质上是一个市场问题，是一个国内市场与国际市场之分，是一个市场的地域范围大小与半径长短的区别。从促进、带动一国（地区）经济增长层面看，一个国家（地区）的经济增长主要靠国内市场、国内循环来实现，还是主要靠国际市场、国际循环来实现，这样就有了循环的内外之说。因此，我国以畅通国民经济循环

为主构建新发展格局的战略思想内在地否定"与世界经济脱钩论"及"闭关锁国发展论"，国内循环与国际循环不是两个平行的循环，而是两个具有交集的循环，是两者互融的循环，两者共同作为经济增长的动力。

加快形成新发展格局重在把握"新"的要求。加快形成新发展格局就是要加快形成以国内市场、国内循环为主要动力促进经济增长的局面，这是一个经济增长动力的转换、一种增长方式的转变，也是一个发展阶段特征的改变，这些变动因经济发展的条件、环境、发展目标的变化而有其历史的合理性与必然性。

改革开放以来，我国经济增长较长时期主要是由国际循环、国外市场带动的，这是符合我国国情，与发展中国家实现经济起飞相同的发展路径与增长模式，顺应了世界经济周期的变化，是我国抓住战略机遇期、加快发展的主动作为。但这种发展路径和增长模式因内在的低成本竞争、要素粗放利用、生态环境损耗，及趋紧的世界经济环境的影响，表现出强烈的约束性和不可持续性。

事实上，2008年国际金融危机以来，以我国外贸依存度、经常项目的国内生产总值占比、国内需求的贡献率等指标测度，我国经济已经在向以国内大循环、国内市场为主体转变，这是一种发展路径和增长模式的积极应变、主动求变，但这种转变速度还不够快、激活效应还不够强。面向未来，着眼维护国家经济安全、推动高质量发展、建设社会主义现代化强国、构建人类命运共同体，立足我国已有的多方面优势和条件，我国经济增长要走更积极、更大力度地以依赖国内大循环、国内超大规模市场为主的发展之路，并以国内大循环、国内大市场的深度拓展与稳定发展促进世界经济的复苏与繁荣。

二、认识构建新发展格局的时代价值

加快形成新发展格局是稳定我国经济中高速增长的需要。当前我国国民经济下行压力主要源于新冠肺炎疫情的影响。从2020年前两个季度经济增速情况看，我国经济恢复性增长态势明显，在全国抗疫斗争取得重大战略成果基础上，随着常态化疫情防控措施落实到位，我国经济恢复性增长将进一步提速。但同时应清醒地认识到，我国国民经济下行压力由来已久。自2008年国际金融危机以来，特别是2010年以来，我国经济增速整体上处在下行通道，新冠肺炎疫情作为一个非经济扰动因素，只是加剧了国民经济的下行压力。分析2010年以来我国经济下行趋势，这其中既有周期性因素，也有结构性、体制性的因素，但根源是重大结构性失衡，导致国民经济循环不畅通。国民经济中存在的重大结构性失衡是表象，背后主要是新旧动能转换没有充分实现，即旧的增长动能减弱了，新的增长动能没有完全成长起来。

在世界经济增长乏力，保护主义、单边主义上升背景下，靠传统的国际大循环显然是不现实的。习近平总书记在经济社会领域专家座谈会上指出，"近年来，随着外部环境和我国发展所具有的要素禀赋的变化，市场和资源两头在外的国际大循环动能明显减弱"。要畅通国民经济循环、加快实现新旧动能转换，确保从高速增长转到稳定的中高速增长，充分发挥我国超大规模市场和完整产业体系的优势，全面开拓国内需求空间，进一步释放国内需求潜力，坚定地走以国内大循环为主的发展之路是必然选择。

加快形成新发展格局是推动高质量发展的需要。我国已进入高质量发展阶段，推动高质量发展是建设现代化经济体系的核心目标。经济体系的现代化，本质上就是要推动国民经济结构由失衡、失调向协调、协同、优化转变。因此，推动高质量发展要解决的重大问题是如何推动经济结构转型升级，高质量发展的主要内涵就是从总量扩张向结构优化转变，就是从"有没有"向"好不好"转变。当前我国重大的结构性失衡主要表现为地区之间、城乡之间、产业之间的发展失衡。

加快构建新发展格局，需要充分利用我国东、中、西、东北地区发展的梯度差异，推动传统的国内生产—国外消费、国内加工制造—国外关键中间产品及工艺设计供给的循环模式，更多地转向国内各地区之间的产业分工和消费市场开发，将这种循环模式的转变与调整有效融入东部率先发展、中部崛起、西部大开发和东北振兴战略实施中，有力地推动我国区域协调发展。加快形成新发展格局，需要充分正视我国城乡发展之间的差异，加大农村生产设施、生活设施投入，进一步开发农村消费市场，补齐农业农村发展的短板，使投资—消费循环更多通过农村地区实现，从而较快地、实质性地缩小城乡发展差距。加快形成新发展格局，需要加快解决我国关键领域核心技术的自主可控问题。关键领域核心技术的突破，既能形成新的产业，又能促进既有产业的升级，夯实产业基础高级化、产业链现代化基础，推动产业循环在更高水平更宽领域实现、产业结构更加均衡协调。

加快形成新发展格局是彰显负责任大国担当的需要。当今世界正经历百年未有之大变局，这个大变局中的一个突出表现、推动这一变局的一支重要力量是中国的崛起。中国的崛起带给世界的不是威胁，而是更多的机遇，中国经济发展已经成为世界经济增长的重要引擎。2008年国际金融危机以来，中国每年对世界经济增长的贡献率超过30%，成为世界经济增长的最大贡献者。习近平总书记指出，"中国的发展是世界的机遇，中国是经济全球化的受益者，更是贡献者。"

在当前全球化遭遇逆流，全球新冠肺炎疫情仍然严峻，全球经济联系与合作受到严重冲击，世界经济深度下行并预期进一步承压的背景下，加快构建新发展格局，充分释放国内生产、消费潜能，我国国内大循环的扩张与持续深化将为世界各国提供更多、更大的市场机遇，为世界经济走出低迷、恢复增长增添强劲动力。与此同时，开放型国内大循环的加快形成，不仅能有效缓解我国与新型市场国家和发展中国家在同类和近类产品国际市场上的"拥挤"状况，为新型市场国家和发展中国家经济增长留出国际市场空间、厚实增长动力，维护新型市场国家和发展中国家利益，而且建立在以开放型国内大循环为主要动力基础上的国内经济稳定持续增长，将进一步拓宽、深化中国与世界各国的经济联系，进一步提高中国对世界经济的贡献份额，并以此持续提升中国在世界经济中的地位与积极参与全球经济治理体系变革的能力，推动国际经济秩序朝更加公正合理方向发展，为积极参与和推动更有活力、更具包容、更加公平、更可持续的经济全球化发展，构建人类命运共同体贡献中国力量，为创造中国与世界经济共同发展的新的"黄金机遇期"累积基础。

第二篇 发展
环境新变化

过去，经济全球化和新科技革命迅猛发展，我国抓住战略机遇期，积极融入国际分工与合作，实现了经济的快速发展。现在，全球化遭遇逆流，贸易保护主义抬头，新冠肺炎疫情危机不断发酵，世界政治经济形势复杂性、不稳定性、不确定性上升。另外，我们自身的比较优势也在发生变化，随着发展水平的提升，廉价要素逐渐失去竞争优势，资源环境约束强化。在此背景下，需要外贸、投资和消费的协调配合。我们必须加快构建新发展格局，集中精力办好自己的事，牢牢掌握发展的主动权，以国内发展基本趋势向好的确定性应对国际环境变化的不确定性。

如何应对我国国际发展环境的变局与挑战?

○ 查道炯

北京大学国际关系学院教授

◎ 聚焦国内政策的调整,也是地缘经济、地缘政治分析的落脚点。

◎ 对任何国家来说,能合作就合作,仍将是明智的选择。相反,一方想脱钩,另一方就顺势而为,仍将是不明智的选择。

◎ 中国要坚持技术和标准全球性的互联互通,继续深化改革开放,产品标准应该更加细化;要优化产品加工和集成能力,并且提高跨国物流的组织能力;要牵头增强国际产品通关政策的协调。

◎ 加强合规制度的建设。这其中包括建立和优化中国自己的法规,尤其是将中国接受的国际法规融入国内法,对在中国管辖地内的所有实体同等有效。有了制度,中国和外国的企业就有了行动指南。

中国面临的国际发展环境向来都很复杂。过去70多年，特别是改革开放40多年，有三大描述中国外部环境的说法：一是呼吁建立国际经济新秩序，这在改革开放前讲得比较多；二是强调与国际接轨，特别是在中国加入世界贸易组织前后，这是引导我们看外部世界的基本思路；三是拥抱全球化，即便是2008年的金融危机，也没有导致我们对世界格局走向的认知发生变化。当然，近些年出现过"引领全球化"的说法，这次中美关系复杂化之后，"引领"两个字说得比较少了，现在从中国如何看世界有些迷茫。

新冠肺炎疫情的严重性和广泛性超出了所有人的预料。目前，世界经济萎缩，旅游、贸易、投资等都受到疫情防控的医学要求为起因的制约。疫情后，这些限制的解除难免会因种种国际政治因素叠加而受到一些非市场因素的影响。解决问题终究还要靠政府之间的双边互动。联合国、G20以及其他多边协调机制在未来发挥作用的空间不大。这很可能也是大家感到迷茫的一个因素。

一、安全可控不能只是简单的口号

如果从地缘政治、地缘经济的视角看中国面临的国际环境，不能简单说是有利还是不利、顺畅还是不顺畅，因为国际环境其实是国与国之间互动的过程，既有外国对我们的一面，也有我们怎么对外的一面，双方在相互观察、相互判断、相互反应。动态是国际环境的本质。

从地缘经济视角看，主要经济体在疫情前的"底子"，尤其是产业能力这类"硬件"，并没有变化，疫情只是暂时把生产节奏放慢了。国际经济交往的一些"软件"，如债务、贸易结算货币、贸易许可、技术标准、海关规则等条约和操作惯例，也都没有变化。但是，疫情不管什么时间结束，都放大了一个国家追求产品链、产业链"安全、可控"的紧迫性。疫情让所有国家都在追求安全可控，别的国家不一定和中国用相同的词语，但其逻辑是一样的。

在双边关系中，不管有没有疫情，也不论哪个国家以及他们是否对中国发起贸易战，在能源、粮食或者更广泛的涉外经济领域，都存在顾虑。这种顾虑的一个表征就是降低"依存度"，也即担心受制于人。从依存度来分析，不能只看国家间的贸易总量，或单个产品对某国或外部的依存程度。我认为可以分五个步骤来看：

第一，看依存的性质，是市场自然性因素形成的成分多一些，还是对方蓄意创造了某种依存状态？比如稀土产品，包括美国在内的一些国家认为中方为了控制全球稀土供应而补贴生产或者承担环境生产的代价。这种理解到底有没有事实基础支撑？我们往往不去分析，甚至有些学者跟着讲"稀土是中国的一张牌"，实质上这就印证了对方的猜疑。把对方的误解或者恐惧"坐实"了，对我们自己不利。

第二，看关键性工业和生活消费品的跨国贸易态势。比如石油和粮食贸易，市场总在变化。这种变化是由于对方蓄意地改变，还是有天灾、技术失误或者金融链条一时不匹配的因素？有很多人为控制不了的因素在起作用，需要专业跟踪、反复比对，才有可能避免慌乱。

第三，看能不能找到替代。在全球范围内，资源类产品往往不存在绝对意义上的短缺。通过组织融资、生产，还有贸易渠道，实现物品和物种的替代、供应来源地的替代，都是可能的。针对某款物品，如果一方找到了有效替代，另一方就会失去利用它进行外交谈判的筹码，哪怕是隐含性质的筹码。谋求替代的过程中，技术也是一个工具，比如采用不友好一方没有掌握的技术。

第四，看能不能牵制住对方。这就涉及种种国际规则。规则形成过程中所做的贡献和规则更新中的参与程度，都会影响到处于弱势的一方是否有机会利用集体的力量对强势的一方形成牵制。在这个过程中，国际舆论也是形成牵制力的一部分，比如食品的量和营养程度，药品和医疗产品的质、量，再如航空飞行的安全保障是所有国家的人都应得到的，那么，以国家和国家斗争为名义的贸易限制，就违反了基本道德，世界上有可利用的力量对它形成反限制。

第五，要聚焦国内政策的调整。这是最重要的，也是地缘经济、地缘政治分析的落脚点。观察国际环境不应停留在评判某一方对你友好还是不友好上，也不是等待一国选举之前和之后的政策变化，或者哪个党派某个候选人会如何不同地行事。我们是需要跟踪和着眼国际形势，但是落脚点必须是自己的变化，比如能源、粮食方面，不论外部世界如何变化，都要不断提高利用率。

总之，只有基于科学地自评、战略性地自变，才能求得更多的主动权。

二、美方"脱钩"论并非从天而降

中美经济关系依然是热门话题，相关观察和观点也已经非常多了。我想提醒大家的是："脱钩"这一主张和类似的词语一点都不新，它在美国的智库、政界、商界早就存在。美国有必要与中国"脱钩"这一思维，在两国关系正常化之前，是美国的国家政策。即便在中美建交后，它也一直存在，到现在至少40年了。在我国改革开放的整个过程中，"脱钩"一直都是中国所处外部环境的一部分，只是近年才变得高调，或者说才得到了我们的普遍性重视。

其实美国在经贸政策上一直和中国保持着距离。比如军民两用技术、高科技产品出口，美方对中国从来就是高度控制。两国间日常的经贸和人员往来，根据各自的法律时常会出现一些不合法或者违法的案例，不论涉及公司或者个人，如果在事实认定、定罪的法理和处理程序上有合作的规则和积累，就不至于上升为结构性问题。但是中美之间的司法合作程度一直都非常低，日积月累的结果是个案与全局的界限变得越来越模糊，本来只是一些个案，结果演绎成了双方整体上的"缺乏互信"，进一步又成为"脱钩"说的一种支撑。

另外，中美之间也没有"双边投资保护协定"或者"自由贸易协定"这类安排。虽然这些安排不是万能的，其细节也可能跟不上各自社会和经济行为变化，但是，这些安排的基本面是为个案纠纷的解决提供路线图。

　　目前，国内对"脱钩"这个词的解读，有时带有恐慌情绪，这一情绪既不太符合中美经贸关系的历史过程，也不符合当前现实。在一些美方精英认定的敏感性技术和产品领域，确实存在脱钩，而且一直处于脱钩状态。但是随着时间的推移，中方的战略也在调整，特别是我们提出，坚持不让"中方有意损害美国社会正常运营"的指责找到口实，这有利于使中美关系的前景变得不那么注定暗淡。近日有媒体报道，中美管理机构在联合调查疑似从中国邮寄到美国的不明植物种子，就是中美关系正面发展的一个例子。

　　同时，目前美国对华政策确实有推动两国在多方面脱钩的成分，未来会出现什么后果？包括国际市场的变化在内，影响因素特别多。我们也必须看到，即便未来美国不再言必称"脱钩"，他们这几年所强调的"对等"也会有持久的生命力，除非中国的发展势头明显向下而且回升无望。

　　关于"对等"，美方的原话是 Reciprocity，历史上曾把它翻译成"互利双赢"，实际上这个词所传达的意思，跟中文"来而不往非礼也"差不多，也就是说不能只是单方面让步或承受损失。尽管究竟谁造成了谁的损失，双方一直且永远会有争议，但对这一原则的认知和坚持，双方并没有区别。

与此同时，不论哪个国家的企业都有垄断的本能，都想游说政府采取对自己走向垄断有利的政策。作为政府，也都有追求在复杂的世界里处于自主状态的本能，在自己认定的领域不想被控制，或者不想过度依赖单个来源或单个国家。对任何国家来说，能合作就合作，仍将是明智的选择。相反，一方想脱钩，另一方就顺势而为，仍将是不明智的选择。

三、当心美方不断加大对中国的经济制裁

美国对中国的经济制裁的广度在扩大、深度在加深，是我国所处外部环境的一个重要的新变化。

这里有几个基本的概念需要厘清：“经济制裁”跟“贸易制裁”和“出口管制”不同。贸易制裁是多边贸易规则所允许的，有世界贸易组织等机制处理纠纷。中方也有自己的出口管制，相关的立法正在更新。经济制裁则完全是单方面、政治性的，没有国际规则，而且没有底线。它分直接制裁和间接制裁，发起之后就成了国内法的一部分，除非发起方修改或取消，否则就永久执行。颇具美国特色的次级制裁是“一石二鸟”的安排，既针对直接被制裁方，也针对第三方。比如美国针对华为公司、香港和新疆而发起的制裁，第三方国家的相应实体也必须遵守，打击面极大，这就导致了“寒蝉效应”。

历史上，多数国家都把美国的经济制裁当作一条红线来回避，至今找不到一种足够的力量去阻止它。这是一个全球性的麻烦。

在美国内部，关于经济制裁到底有没有起到作用，一直有争论。经济学家偏向于认为没用，政治学家则偏向于认为有用，争论的最后往往是加码制裁力度、延长制裁时限的一方胜出。美国对伊朗、朝鲜、俄罗斯、委内瑞拉的制裁，基本上都是这个路数。

关于美国的经济制裁，除了政府以外，还涉及企业行为。众多跨国企业把"企业社会责任"（Corporate Social Responsibility， 简称CSR）扩展到"环境、社会、治理"（Environment， Society， Governance，简称ESG）责任，并作为企业经营道德来推动。Environment和Society都比较好讲清楚，分别是企业对环境保护和社会稳定负有责任，不可以是无限制地获取财务利润。但是，Governance不太好准确地翻译成中文，具体含义可以举个例子来解释：2019年香港出现黑衣抗议者，这些人以要求民主为名实施打砸抢，美国篮球协会（NBA）的社交媒体里出现支持抗议者的帖子，甚至有少数球员穿上抗议者的黑衣服，NBA管理层的解释就是他们在履行Governance这一职责，即企业认为它也有代行政府、政治功能的一面。

这是我们面临的新情况，虽然是企业行为，但也是一股制裁的力量和一种制裁的形式，不可轻视。

四、厘清技术重要性是应对脱钩的必要功课

总的来说，应对中美脱钩不能只是看来自美国官方的行动，还要注意更广泛的或者潜在的脱钩方。

那么，应对脱钩，我们能做什么？

首先，中国要坚持技术和标准全球性的互联互通，继续深化改革开放。更具体地说，产品标准应该更加细化，包括法定标准、行业标准、事实标准等，企业经营还有会计规则、质量管理等日常性业务标准，要按标准组织生产和营销。改革开放这么多年，我国在产品贸易方面的成就，与标准的全球互联互通分不开。

美国确实是全球技术创新的领头羊，同时，我们也要更全面地看中国与美国的技术差距，既不是美国强大就什么都行，也不是有华为或者北斗我们就什么都行。一般而言，技术大概可以分成五类：一是地位性技术，跟国家地位相关，是独占的、排他性的技术，比如太空探索、核武器开发和维护技术。二是战略性技术，像 5G 通信、生物制药等领域的领先技术，需要培育市场，商业应用的前景广阔，政府要去支持。三是公共品技术，也是民生所需的技术，比如医药卫生领域的技术，不能让资本无限盈利，因为这些技术具有公共品性质。四是一般性的通用技术，即民用产品技术，要通过允许企业获利来刺激创新、竞争。五是落后的技术，比如基于环保、公共卫生等因素需要被淘汰的技术。

简而言之，看"技术"也要注意避免犯"一叶障目，不见泰山"的错误。

其次，中方还应该长期做的一件事，是不管美国及其盟友怎么对待中国的具体技术和企业，我们都要优化产品加工和集成能力，并且提高跨国物流的组织能力。一定要提高我们产品的跨国和多国兼容程度，千万不要因为经济总量全球第二、消费人口比任何单个国家都大（中国消费能力比另一个人口大国印度要强），就以为我们可以"独善其身"，一定要跨国兼容。

再次，中方应该牵头增强国际产品通关政策的协调。现在全球通用的国际海关协议是1952年签订的，之后有过更新，但改进不大，依然落后于当代物流发展的现实需求。中国牵头将国际海关规则现代化是为全球贸易提供公共品服务。

五、如何经营中国发展的国际环境

在《中国2049：走向世界经济强国》这本书里我提出的几点看法，是借用了印度学者观察印度在二战后经济、外交发展历程而提出的框架。当然，在这本书里只写一篇文章不可能讲全新中国70年的经济、外交过程，书中的章节其实是跟读者交流一个看法：以发展中国家与发达国家外交的区别为视角来分析中国的经济外交轨迹，是没有道理的。

就像印度等很多经济体一样，我国也是在二战之后才有机会自主地与世界经济打交道。

二战后新独立国家的经济外交发展大致可以分为四个阶段。第一阶段是从推介本国产品开始做经济外交。不同于原来的殖民地国家，新中国早期的产品在国外没有得到消费者认可，需要通过外交和经济援助的途径去缩小与别国消费者之间的距离。把中国劳工送到国外也是这种努力的一部分，它为中国企业国际化，尤其是在人员培训方面做了有益的贡献。第二阶段是建设贸易、投资等平台网络。比如举办广交会、各种产业论坛，都属于这个阶段的工作。第三阶段是宣传国家形象，比如入境旅游、文化推介等方式，目的是推进产品贸易出口、吸引外资流入、让外国消费者对"那个国家，那个文化"有触摸感。第四阶段是从熟悉国际规则转向参与制定或者修订双边、多边的规则。这经历了一个过程，中国如今设置国际议题的主动程度不断提高，不再像以前那么被动。

这四个阶段差不多是所有二战后新独立国家所经历的过程。外国有批评称"中国要推翻国际秩序"，其实是割裂我们历史发展过程的看法。当然，中文"引领国际秩序"这类说法翻译成外文，容易给人咄咄逼人的印象。如果我们的认知不科学，带来的不良影响会很现实。

过去十多年，中国的经济外交也确实有发达国家的特征，比如我们设置了普遍优惠制，我们将对外发展援助多边化、制度化，中非合作论坛就是受东京非洲发展国际会议的启发。同时，亚洲基础设施投资银行或者我们自己主动推动的双边投资保护协定和自由贸易协定，中国主动行事的成分都有明显提高。

回顾新中国 70 年经济外交的历史，既有发展中国家的轨迹，也有发达国家的特色，这很正常。展望未来 30 年，基于国际环境的形成是双边和多边多轮互动的结果的认知，中方应该从如下五个方面加大努力：

第一，管理好与其他市场之间的经济距离。看产品贸易不能只是看价格，或者只看传统经济学理论里讲的"比较优势"，那远远不够。全球化使各国产品从设计到运输的距离不再有天壤之别，制造方法上的差距问题都变得可以解决，但是在道义经济、消费文化、消费者个人偏好等方面，我们还要不断努力，需要逐个产品、逐个市场去经营。

第二，加强合规制度的建设。这其中包括建立和优化中国自己的法规，尤其是将中国接受的国际法规融入国内法，对在中国管辖地内的所有实体同等有效。有了制度，中国和外国的企业就有了行动指南。

第三，为外国人来华就业、定居、入籍设置更清晰的路径。中国与其他国家和社会之间的人口流动，不能是单向的。这方面，2017年国家设置移民局是一个好的开始。调动全球人力资源参与中国国内经济的发展，跟前面提到的道义经济相关联。未来在经济外交方面的发展方向，是要不分国籍、不分民族，为来华求学、就业、定居、入籍提供制度化的路径。这是我们编织经贸网络的有效途径，也是对冲所谓地缘政治、意识形态因素导致与中国脱钩等不利影响的必要途径。在维持经贸网络的稳定，对冲地缘政治冲击的过程中，要把个人的力量激发出来，将来这些人自己的体验、亲身经历才是应对宣传偏颇和误导的生力军。

第四，在国际制度层面应最大限度发挥合作精神。中国没有必要咬死牙关认定自己还是发展中国家。就如同国内"贫困县"的拒绝脱帽，这些县在国内政治环境中被嘲笑，同时国内也有办法让其坚持不下去。类似"发展中国家"这样的定位，我们一定要灵活处理。

第五，应以避免落入"中等收入陷阱"为外交的首要目标。经济外交有很多的目的，有时是地缘政治因素，有时与安全相关，但是核心目标必须是避免落入"中等收入陷阱"，因为发展才是硬道理。

新变局下的
中国经济

○ 姚　洋

北京大学国家发展研究院院长

◎ 美国其实是通过"退群"的方法，用自己的标准在重新构造新世界体系。我们千万不要误判认为这是美国的衰退，千万不要误以为中国冒头的时机已到，去挑世界的大梁，我们还远远没到那个时候。

◎ 国际上，中国要积极参与 WTO 改革，主动帮助重新建立新的规则。在国内我们要切实减少政府干预，除了少数技术路线比较成熟的产业，其他的一定要交给市场。

◎ 中国和美国作为大国，都要致力于形成一个既有竞争，同时又是你中有我、我中有你的合作关系，最大限度地避免滑向热战。一个纵然激烈但保持良性的竞合关系，即"竞争＋合作"的关系，对中美和整个世界都有利。

最近，我们都能感受到外部环境不断恶化。我个人判断中美的新冷战已经形成，美国开始对中国进行技术封锁，美国针对中国的实体清单也越来越长。美国将中国列为战略竞争对手，竞争在各领域展开，其中技术领域的竞争相对更深入、更广泛。这对中国经济的影响非常大，中国的基础科学研究领域及高科技领域都会受到比较大的影响。但另一方面我们也能看到中美完全脱钩不太可能。

一、中美关系的五个阶段

首先有必要回顾中美关系经历的五个阶段。

第一阶段是 20 世纪 70 年代，美国时任总统尼克松 1972 年 2 月访问中国，到 1979 年中美正式建交，这属于接触阶段。中美在冷战高峰时走到一起是因为有共同的敌人——苏联。1969 年中国和苏联发生了珍宝岛事件，此后苏联非常恼火，想给中国发射原子弹。苏联在英国《泰晤士报》上用笔名发表文章，提出要给中国发射原子弹，教训一下中国人。美国人很快明白这是苏联在放风，便主动和苏联沟通，如果给中国放原子弹，意味着第三次世界大战。中国国内也很紧张，1969 年夏天也进行了疏散。后来苏联部长会议主席柯西金参加了越共领导人胡志明的葬礼之后，返苏途中在北京停留，周恩来总理到机场和他举行了会谈，很好地解决了冲突。中国也意识到美国的干预起到了很重要的作用，于是通过巴基斯坦的接触，最终实现了尼克松总统的访华。

第二阶段是1979—1989年，中美密切交往时期，达成了多方位合作。合作的原因，一方面是因为共同的敌人苏联还在，另一方面，是中国开启了改革开放的新征程。在经济领域，里根总统给予了中国比较优厚的待遇。里根在竞选时还曾表示，一旦当选，他首先要和中国台湾恢复邦交关系，但真正当选之后，他第一个重要外交访问对象就是中国大陆。在军事领域，中美也有非常深入的合作。中美在文化交流等方面也有很多合作，国内兴起了留学热。

第三阶段是1989—2010年，属于双方的理性交往时期。1989年之后，老布什总统派出国家安全顾问到中国来，向邓小平表示不会断绝和中国的关系，这是西方国家的第一个表态，意义重大，这才有了20世纪90年代中国进一步改革开放的国际环境。在这段时间，中国加入了世界贸易组织（WTO）。支撑美国对华理性深入拓展双方关系的信念是，如果把中国拉入美国所维护的体系，中国会越来越像美国。但是中国有自己的制度和文化，中国拥抱全球化、拥抱世界多元价值观，但中国不会变成下一个美国。在这段时间里，中国对美国的冲击已经显示出来，在2004—2005年已经出现明显的贸易不平衡。所以美国逼着中国人民币升值，从2005—2008年，人民币兑美元升值了30%，之后因为金融危机人民币停止了升值。

第四阶段是2010年到2017年特朗普上台之前。

2010年之后，美国实施"重返亚太"计划。这项计划因"911事件"而有所推迟，而且，当时奥巴马总统特别想成为世界的总统，他在2009年获得了诺贝尔和平奖，希望中国能支持他在哥本哈根气候会议上达成协议。由于各种原因，这一计划落空了。2010年，美国在外交政策上发生了重大变化，"重返亚太"之后又推出"跨太平洋伙伴关系协议"（Trans-Pacific Partnership Agreement，简称TPP）。"重返亚太"是从战略上遏制中国，TPP是从经济上遏制中国。该政策一直持续到特朗普上台。

第五阶段是特朗普上台至今，中美进入"新冷战"。特朗普上台之后，在2017年正式出台战略报告，把中国定义为战略竞争对手，次年开始打贸易战，接着对中国实行技术封锁。到了2020年又因为疫情开始打"口水战"。这种"口水战"是有实质性意义的，美国对华持负面态度的人口比例从特朗普上台时的40%多上升到目前2/3的水平。特朗普不断地拿中国说事，向中国甩锅，直接影响到美国民意，甚至会影响到原本理性程度较高的知识界。美国知识界的对华态度已经发生很大改变。特朗普彻底改变了美国的对华政策。

二、中美新冷战和美苏冷战的不同

中美新冷战和美苏冷战有什么不同？观察者网曾经刊登过对美国现实主义战略家约翰·米尔斯海默（John J.Mearsheimer）的采访。他认为中美新冷战和美苏冷战没有太大的差别，别看中美之间有着广泛深入的经贸关系，但经贸关系在军事竞争、地缘政治竞争面前一文不值，至少远远不是决定性因素。回顾第一次世界大战的爆发，人们会明白经贸关系并不能影响两个国家的地缘政治。

我认为中美新冷战和美苏之前的冷战还是有所不同。美苏冷战是要用自己的意识形态战胜另一方的意识形态，是你死我活，而且竞争是全球、全方位的，美苏之间一直都几乎没有任何的经济和人员联系。但是中美新冷战在意识形态方面是一边倒，是美国过于强烈地想推行自己的意识形态，中国并没有这样的意愿，双方在这一点上显然不是你死我活的竞争关系。中美的竞争也不是全方位的，主要还是集中在地缘政治和技术领域，但是地缘政治竞争也不是全球的，只是在西太平洋这一带。另外，中美之间的经济和人员联系非常深入。

中美新冷战和美苏冷战的相同之处，是双方有不同的意识形态和价值体系，军事竞争和技术竞争也都是全面的。

在意识形态方面，有所谓的"华盛顿共识"和"北京共识"。"华盛顿共识"最初并不是现在的含义。早年针对20世纪80年代拉美债务危机，西方国家、世界银行，还有国际货币基金组织等债主形成了所谓的"华盛顿共识"。这一共识要求拉美国家进行经济结构调整，包括"三大点、十小点"。"三大点"中的第一点是稳健的货币和财政政策，不能搞赤字货币化、不能乱收税等。第二点是民营化。第三点是减少对经济的控制，推行经济自由化。从这个意义上来说，中国算是"华盛顿共识"的好学生。

"华盛顿共识"在 2010 年之后严重变味，变成了所谓的"民主政治＋自由资本主义"。与之对应，又冒出来所谓的"北京共识"，解释为"威权政府＋国家资本主义"。"北京共识"是西方人自己造的一个概念，就是为了给新的"华盛顿共识"进行对比，我们对此要高度警惕，这可能是西方某些人想诋毁中国经济成就的做法。意思是中国经济成就不值一提，是在威权体制下国家资本主义干预的结果，是以牺牲老百姓的福利为代价实现的增长，这种增长不应该被推广到其他国家。

　　我们必须清醒而自信地认识到，中国经济能发展到今天，绝不是因为所谓的国家资本主义，绝不是单纯由国家干预的结果，相反，主要是民营经济发展的结果。经济增长的大部分是民营经济创造的，我们从上到下，对"56789"的概念，即民营经济贡献了中国 50% 以上的税收，60% 以上的 GDP，70% 以上的技术创新成果，80% 以上的城镇劳动就业，90% 以上的企业数量，都有共识。国有企业之所以目前也能做好，因为大多是资源性的行业，有上游垄断地位，也能得到国家和银行相对便宜的资金支持。

　　我们要警惕的是，所谓威权政府和民主政府的两分法有很多问题，从所谓的个人独裁到民粹主义，中间是一个连续的光谱，并且还有丰富的横向因素。中国在很多方面有很强的民主成分，是一种混合体制，这种简单的两分法是不科学的，但在西方就形成了一种所谓"华盛顿共识"对"北京共识"的分野。

在疫情期间，这样的分野又被进一步放大。中国抗疫取得阶段性成功，武汉封城之后，以比较短的痛苦赢得了相对长期的疫情缓解。西方的心情比较复杂，开始时觉得疫情与他们无关，是只属于"落后的中国"的事情，甚至有些人说这是黄种人才会有的事情，有一种所谓的后殖民主义者高高在上的傲慢，加上其内心的种族主义情绪。到了中期，他们不得不采取跟中国一样的措施——封城，一开始是意大利，之后是美国纽约。到了后期，他们已经变得比较懊恼，因为中国做得比较彻底，成为第一个基本走出疫情、开始恢复经济发展的国家，西方又开始指责中国隐瞒信息，这纯粹是无稽之谈。

在世界卫生组织的会议上，习近平总书记发表了讲话，支持对疫情和抗疫总结，前一段时间也发布了白皮书。关于追溯疫情和发布白皮书，国发院在3月初也已经给出相关建议。需要注意的是，现在西方对中国模式更加警惕。

在地缘政治方面，美国重返亚太。这是在位霸权的宿命，是人类的动物本能，像动物一样，要守住自己的领地。中国也要反抗，美国自称是山巅之国，但中国是世界上唯一一个文明延续几千年的大国，也有世界级的雄心。从海军和空军的飞速发展来看，两国军备差距在不断缩小，因此两国在南海和东海的对抗完全不可避免。

更重要的是，中国的"一带一路"倡议是新中国成立以来少有的、主动且宏大的国际性倡议。这也引起了西方的警惕，是不是中国要输出自己的模式？中国想要拓展和拥有自己的国际空间。当然，中国也有发展中的很多问题，比如规模过大"硬多软少"等。所谓"硬多"指工程太多、发放贷款多；"软少"是输出太少，比如思想、做法，这些都要调整。

疫情期间，中国对欧洲进行的人道主义援助，是有史以来第一次由一个发展中国家或所谓的落后国家对西方文明的核心区域进行的人道主义援助。美国担心，欧洲自己也担心，这都会引起地缘政治的变化？

三、中美不太可能在技术上脱钩

20世纪最伟大的经济学家之一保罗·萨缪尔森，在2004年发表了自己的最后一篇学术论文，其中讨论了中国技术对美国的负面影响。当时中国的技术还不是那么先进，所以没有多少美国人注意到。2010年之后，美国开始采取行动，将技术和其"重返亚太"战略联系在一起。

我想说明的一点是，美国对中国政策的改变不是从特朗普开始的，实际上从奥巴马时代就已经开始指责中国偷窃美国技术，发生过"三一重工事件""中兴事件"，到2018年4月份，特朗普又发起301调查报告、"华为事件"，对中国的实体清单不断加长，最近又加进哈工大、北航等技术性的大学，严控科学、技术、工程以及数学方面的中国留学生。再加上打击和中国合作的美国大学教师，美国的大学和中国的科研合作已经开始减少。

美国强硬霸道地对中国进行技术封锁，会不会形成两个平行体系？回答这个问题需要考虑两个因素。

第一，现代技术太复杂，没有任何一个国家可以全面掌握某一项技术。比如一部手机，至少有七八个国家参与制造，iPhone 就是全世界共同制造生产。包括 5G 技术，美国想自己再建立所谓的俱乐部或者同盟，也有好多国家参与，但未必能搞成，因为华为已经在 5G 技术领域占据很大份额。还有技术标准问题，标准大多是由领军企业决定的。我们一开始用互联网的时候，由于标准问题，计算机用起来特别麻烦，现在标准已经慢慢统一起来。同样地，5G 标准是很多国家的大企业参与制定的。我们应该注意到世界性的标准不是由国家制定，而是由大企业讨论决定。华为达到了国际领先水平，就不会被忽视。美国一开始曾经限制美国企业和华为一起讨论标准问题，但现在不得不放弃限制，改为美国企业也可以参加有华为在场的技术标准制定，因为华为不再可以被忽视。

第二，美国企业会发挥作用。很多人说中国大而不强，其实中国大就是强。巨大的市场就自然会形成市场权利，美国高通一半以上的芯片销量在中国，如果不卖给中国，高通就无法生存。因为芯片行业是高举高打的行业，台积电投资 5 纳米的技术，投资额高达 300 亿美元。在这种情况下，如果高通不投资，就会被台积电甩在后面。高通说 2020 年要在中国的 5G 芯片市场上占领 90%，显然不愿意丢掉中国市场。正因为这些美国企业意识到中国是个巨大的市场，所以他们会去游说美国政府，对华为的禁令也因此一再延期。这个所谓的禁令并不是说完全禁止，企业仍然可以申请对华为出口，获得许可证出口。当然有些企业申请了但没有获得批准，比如 Google。除了美国企业，还要考虑其他国家或地区的企业，比如中国台湾的富士康、台积电，采用的是两边下注策略。富士康在美国维斯康辛州投资，台积电在亚利桑那州投资，我认为他们的投资有点质押的意思，如果美国坚决不允许他们跟华为等中国企业打交道，他们在美国的这些投资就可能会停掉。荷兰 ASML（阿斯麦尔）公司，是世界上最先进的制造光刻机的企业，在中国苏州也有投资。这家公司也有两边下注之意。

因为这两个因素，美国想要完全和中国在技术上脱钩不太现实。

总之，中美的冷战形势已经形成，但并不会形成两个平行的技术体系。

四、全球化只是调整，并非退潮

在全球金融危机之后，中国在全世界的经济地位仍在上升。2009 年，中国的 GDP 总量只有美国的 34%，到 2019 年达到美国的 68%。这意味着中国经济的名义增长率要比美国每年高 7.2%。如果以美元来计价，平均增长率要超过 10%。《财富》500 强企业名单中，2008 年中国企业只有 37 家，2019 年达到 119 家，和美国只差两家。2008 年中国讨论的问题是在世界 500 强榜单上的企业太少，现在讨论的是中国企业为什么大而不强，因为中国排在前面的企业全是银行。其实大就是强，能有这么多的500强企业说明中国有实力。中国的崛起对美国的冲击除了贸易不平衡，还有就业、技术方面的赶超。中国在人工智能、机器人、移动通信、数字金融等多个领域进入世界第一阵营，已经可以跟美国平起平坐，甚至在个别领域超越了美国。

中国要意识到，美国的行为并非完全针对中国，其自身作为多年的全球领导者，面对不断变化的世界格局，也有切实需要调整的地方。多年来，美国为建立和维持世界贸易体系有不小的付出。比如，WTO规则是美国创造的，这对世界经济一体化和经济增长有巨大意义，美国本身成为中国产品的最终需求者和最大外需。在很长时间里，中国对美国的贸易盈余超过中国对全世界的贸易盈余，也就是中国对美国之外的所有国家相当于都是贸易赤字。如今，美国国内的经济和政治不断地极化，1%的最高收入群体财富比例不断上升，超过总财富额的30%，而50%的最贫穷人口的收入在过去50年里没有实质性增长，政府没有合理的二次分配调节制度或改革，造成美国的极化现象不断加重。

美国国内的极化，在一定程度上使美国没有足够的精力和财力再像过去一样为全球经济秩序付出，因此我们可以看到美国不断"退群"。但大家也不要简单地把美国"退群"理解为美国在主动让出世界领导地位，这是错误的。

美国仍然是世界上最强大的国家，而且依然十分想保持自己的强大和世界领导地位。同时，中国在短时间内也不可能取代美国成为真正意义上的世界旗手。美国的"退群"只是美国以退为进的战略调整，目标是为了美国更好地保持世界第一。美国只是从策略上不再想为世界提供那么多免费服务，以后要想获得美国的服务，各国需要付费。谁不想付费，就要完全按照美国的规则来。美国其实是通过"退群"的方法，用自己的标准在重新构造新世界体系。我们千万不要误判认为这是美国的衰退，千万不要误以为中国冒头的时机已到，去挑世界的大梁，我们还远远没到那个时候。

至于全球化退潮说，这究竟是不是一个正确的判断？我认为有点言过其实。全球化要经历调整，这个调整是必然的。美国需要调整，中国也需要调整。中国体量越来越大，做的事情对世界的影响也越来越大。

全球化需要调整，应该将政策分成两部分：一部分是杜绝以邻为壑的贸易政策，包括对本国产品的出口进行限制。比如美国对中国的产品限制、低价倾销、竞争性贬值、补贴跨境并购等，以邻为壑、以牺牲别人来获取自己好处的政策都应该停止。另一部分是国内政策可以作为可谈判项目进行协商，美国要意识到中国的经济现阶段还必须要有一定的政府介入，无论是政府补贴还是国有企业，必须再存在一段时间。中国反过来也要认识到，美国也需要一定的调整空间，中国的全面冲击对美国造成了巨大难题，美国在地理、时间上都需要空间进行调整。

虽然全球化目前遇到较大的阻力，有回潮之势，但我们还是要积极地维护和推进一个开放、共融的全球创新体系。

国际上，中国要积极参与 WTO 改革，因为美国不干，

WTO 就持续不下去，中国应该主动帮助重新建立新的规则。如果美国人关注补贴问题、发展中国家待遇问题、国有企业问题，这些问题中国应该都可以谈。发展中国家待遇，其实对中国已经不再是必不可少，也没有太多实质性的受益，更多只是名声问题，为什么不可以谈？同时，在国内我们要切实减少政府干预，除了少数技术路线比较成熟的产业，比如芯片，应该有政府一定的资金进入和相关扶持之外，其他的一定要交给市场。市场才是创新主体。

最后再强调一下：中国和美国作为大国，都要致力于形成一个既有竞争，同时又是你中有我、我中有你的合作关系，最大限度地避免滑向热战。一个纵然激烈但保持良性的竞合关系，即"竞争＋合作"的关系，对中美和整个世界都有利。

新变局下的中国经济

01 中美关系

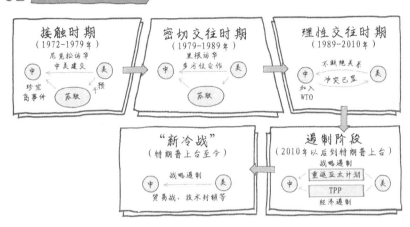

02 中美新冷战 VS 美苏冷战

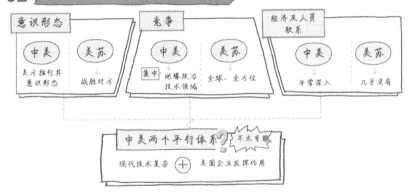

03 全球化调整ing

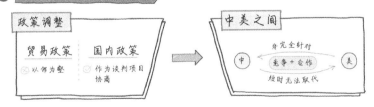

全球化与
逆全球化的较量

○ 戴长征

对外经济贸易大学国际关系学院院长

◎ 近年来，英国脱欧、民粹主义泛起，在全球范围内合流形成了逆全球化和反全球化思潮。同时，全球性商品、资金、信息和劳动力的加速流动，科学技术的新发展，以及以中国为代表的新兴经济体力量的增强，推动着全球化向更深层次发展。全球治理的未来，取决于这两种力量之间的此消彼长。

◎ "治理赤字"一方面表明现有国际制度或规则并没有达到预期目标，另一方面则意味着"民主赤字"。当越来越多的非西方国家进入全球治理体系时，治理规则的非中性问题就会更加凸显。如果国际规则、制度和程序被无限扩大和用于维护强者的利益，那么最终将导致这套规则、制度和程序的危机，并极有可能导致其废弛。

◎ 事实将证明，中国在"一带一路"倡议中所树立的"共商共建共享"原则，所提出的构建人类命运共同体的高远理想，是逆全球化的一剂解药。

近年来，英国脱欧、民粹主义泛起，在全球范围内合流形成了逆全球化和反全球化思潮。同时，全球性商品、资金、信息和劳动的加速流动，科学技术的新发展，以及以中国为代表的新兴经济体力量的增强，推动着全球化向更深层次发展。全球治理的未来，取决于这两种力量之间的此消彼长。中国提出"共商共建共享"原则，为推动全球治理提供了"中国方案"。这一方案及其实现形式"一带一路"倡议的推进和落实表明，治理赤字、信任赤字、和平赤字和发展赤字问题的解决，是完全有可能的。

自唐纳德·特朗普2016年当选美国总统以来，逆全球化便成为各国高度关注的问题。此外，在昔日全球化发展的"优等生"——欧洲地区，由于英国脱欧、难民危机、经济发展停滞、主权债务危机等影响，以某些右翼政党为代表的逆全球化思潮也愈演愈烈。叠加新冠肺炎疫情对国际社会造成的影响，国际局面日益复杂。

与此同时，尽管面临各种困难和挑战，中国等新兴经济体总体上仍在蓬勃发展，并且进一步带动了全球政治、经济、文化乃至生态环境等各领域的制度和"游戏规则"的转变。一方面，大国博弈全面加剧，国际秩序面临深刻变革，各种挑战不断涌现，国际关系的发展面临着前所未有的不确定性。

另一方面，新的进步性变革因素，如科学技术的新发展、以中国为代表的发展中国家对西方发达国家的奋力赶超、经济全球化的加速推进等，也越来越凸显其重要性，成为维护世界政治稳定的重要因素。正是在这一大变革的时代背景之下，我国作出了"百年未有之大变局"的重要战略判断。未来的发展取决于全球化与逆全球化力量之间的博弈，尽管全球化代表人类社会的发展方向，但单边主义、利己主义、霸权主义等逆全球化力量不会自动退出历史舞台。因而，妥善推进全球化发展，克服全球化进程中的种种弊端，就成为世界各国共同面对的重要课题。

一、全球治理现状

（一）"治理赤字"问题的提出

从理论上讲，全球化从来不是一个单一维度的过程，其影响也不完全是正面的。20世纪90年代中期便有学者指出，在国与国之间相互依赖不断增长，国家之间的共同利益日益凸显，科技发展推动世界一体化市场加速形成的背景下，大规模杀伤性武器的进一步研发投入、军备竞赛加剧、相对贫困现象愈演愈烈等问题便阻碍了全球化进程。

与此同时，人们并没有为解决上述问题找到行之有效的方案。2010年联合国经济和社会事务部《2010年世界经济与社会概览：重探全球发展之路》报告进一步指出，2008—2009年席卷全球的金融危机暴露了金融市场运作的体制性失效和经济决策的核心缺陷，同时粮食、燃料、气候等多重危机接踵而至，也暴露了全球治理机制在应对这些挑战方面存在的缺陷。但是时至今日，国际社会仍未探寻到对这些问题的有效解决之策，"治理赤字"问题变得越来越引人关注。在当前世界上，"世界经济增长需要新动力，发展需要更加普惠平衡，贫富差距鸿沟有待弥合……和平赤字、发展赤字、治理赤字是摆在全人类面前的严峻挑战"。"治理赤字"一方面表明现有国际制度或规则并没有达到预期目标，另一方面则意味着"民主赤字"，即非西方国家代表性和发言权的缺失导致了这些制度或规则的低效或失败。这背后隐含的问题是不同国家在治理理念、治理偏好方面的巨大差异，即西方和非西方国家在围绕现有全球治理方式、治理制度、治理目标等问题上还存在相当大的分歧。

（二）"非中性"的全球治理规则

当前全球治理主要依赖于西方国家制定并主导的各种规则。但是这些规则具有非中性特点，也就是说同一种制度对于不同的人而言其含义是不同的，而那些从既定的制度当中，或者可能从未来的某种制度安排当中获益的个人或集团会极力争取或维护对他们有利的制度安排。

不可否认，同任何治理一样，全球治理需要规则和制度的约束，规则和制度在推动全球治理发展方面也确实起到了重要作用。但是，即使西方学者也承认，治理规则需要依赖于主体间意义而存在，或者说只有当它被绝大多数人所接受的时候才能发挥作用。很明显，非中性的规则很难推动西方和非西方国家之间达成共识。这种非中性导致的一个后果，就是在全球治理实践中，所遵循的不同机制给不同国家或国际集团带来的实际收益或损失情况是不同的。在西方发达国家在全球治理体系中占绝对垄断地位的时代，这种非中性尽管也一直存在，但并没有像现今这样突出。不过当越来越多的非西方国家进入全球治理体系时，治理规则的非中性问题就会更加凸显。同时，非西方传统中的行为体也会将自身实践经验带入现有治理体系，从而动摇以工具理性为主导的治理模式。

因而，治理赤字背后的基本原因是"规则之后"，就是说全球治理理念、原则和方式已经不能适应全球化迅速发展和全球性问题大量涌现的现实，发达国家所供应的规则远远落后于现实需求。同时，受到历史和现实因素影响，非西方国家在规则供应方面仍然处于边缘化位置，不仅在规则制定方面缺乏话语权，而且在现有各种规则和制度中也处于不利地位。例如，在世界银行、国际货币基金组织等全球经济治理机构当中，非西方国家的话语权明显低于西方国家，完全不能反映出非西方国家对世界经济增长贡献日益增大、在世界经济中所占比重日益提高的现实。

这些制度的组织结构、人员安排、主要职能等大体上也是按照西方国家（特别是美国）的设想所构成的，非西方国家事实上在这些制度中处于不利地位。有研究显示，世界银行对各国的贷款显著地受到美国利益的影响，而国际货币基金组织对其他国家的贷款条件也因为这些国家同美国的关系不同而有多寡之别。

（三）疫情中的"强权"

国际规则、制度和程序的建立固然是基于利益和权力的分配，但是这种利益和权力的分配必须是相对均衡和公平的，并且是随着形势的发展能够不断得到改进的，是向着更加包容、开放和平等的方向发展的。如果国际规则、制度和程序被游戏中的强者把控，被无限扩大和用于维护强者的利益，那么最终将导致这套规则、制度和程序的危机，并极有可能导致其废弛，WTO的境遇就是一个鲜活的例子。

最新的案例体现在全球疫情的治理问题上。作为全球性公共卫生应对协调机构的世界卫生组织，仅仅因为基于各国在抗击疫情中的不同表现，而对这些国家有所赞扬和批评，便引来美国这一超级大国的不满和抵制，甚至直接退出这一国际合作组织。美国政府这一对待国际制度和程序的"顺我者昌、逆我者亡""唯我独尊"的态度和行为，不但损害国际社会在疫情治理中迫切需要的团结和协作，其得到的最终结果也只能是损人不利己。病毒不分种族、不分国界，是对全人类的威胁。如果在这一威胁到世界所有国家和人民的疫情面前，都要实现本国"优先"，表现得高人一等，甚至是诿过于人、嫁祸他人，那就不仅是自大，而且是愚蠢。

二、西方国家内部逆全球化思潮涌现

（一）美国国内逆全球化力量增强

近年来泛起的逆全球化浪潮表明，当某些西方国家发现即使是非中性的治理规则和制度也无法充分满足其要求时，采取单边主义行动，通过损害国际共同体的"公义"来维护自身"私利"便成了更好的选择。逆全球化来自于民粹主义的回潮，而民粹主义回潮又同全球化不均衡发展和全球治理的失效紧密相关。

事实上，现有治理规则和制度的非中性不仅反映在国家间关系中，也充分反映在某些国家国内社会经济发展方面，从而导致这些国家内部出现了大批全球化的"失意者"，他们同那些全球化的受益者同时存在，进而造成其国内社会分裂和政治极化现象。例如，全球化的意义对于美国华尔街的精英和五大湖区"铁锈地带"的工人而言根本不同，前者从全球化中获得了丰厚的回报，因而成为全球化的支持者，而后者则由于全球化所带动的产业转移而失业，因而成为全球化的激烈反对者。特朗普的当选表明，在美国国内，全球化和逆全球化力量之间的较量相当激烈。尽管特朗普的最后胜出具有某种偶然性，但逆全球化力量不断增大是美国国内某些问题长期得不到解决的必然结果，而这也势必会在 2020 年的总统大选中进一步表现出来。

（二）欧洲国家的"尴尬"境地

欧洲国家由于饱受经济发展迟缓、主权债务危机、难民危机、文化分裂等问题困扰，其逆全球化思潮也在进一步发酵。相比于美国，欧洲国家的境地显得更加"尴尬"。这些国家一方面对"美国优先"政策多有不满，因为美国的政策事实上正在损害欧洲国家的利益，但另一方面受意识形态等因素影响，又不愿意接受中国等新兴经济体发展壮大的现实，更不愿意这些非西方国家取代它们在世界政治经济中的现有地位。

一些西方国家的矛盾心态也表现在应对新冠肺炎疫情危机上。一方面，这些西方国家对于美国在此次新冠肺炎疫情中的自私行为和国际合作上的无所作为非常不满。甚至在西方"七国集团"会议上特朗普提出要"调查"世界卫生组织时，在态度上不予响应，在行动上加以抵制。另一方面，由于中国政府采取了最坚决、最严格、最彻底的防控举措，从而迅速遏制了疫情的扩大，表现出强大的制度优势和行动能力，极大冲击了这些国家的心理底线。这些国家又在相当程度上仰赖中国的医疗用品和设备等防控物资的供应，甚至期望得到更多的医疗援助与合作。

在上述种种作用力面前，一些西方国家表现得愈发矛盾和犹疑。如果追随美国，将什么也得不到，甚至会错失通过国际合作取得抗疫胜利的良机。如果积极与中国合作，推动建立国际疫情治理的共同阵线，又惧怕进一步提升中国参与全球治理的影响力和主导权。事实上，对这些国家来说，抛弃意识形态偏见，勇敢面对现实，并与中国等国际社会健康力量真诚合作，携手并肩，共同应对疫情防控的严峻局面，才是唯一正确的选择。

（三）中国将成为全球化的有力捍卫者

未来全球化发展方向取决于全球化和逆全球化力量之间的博弈。当然可以预见，作为人类历史的发展趋势，全球化力量最终会战胜逆全球化力量，但逆全球化力量的强大仍然会对全球化进程造成阻碍。因而应通过完善全球治理机制进一步克服全球化的各种负面影响，增强全球化的凝聚力，从而为全球化赢得更多国家支持，以便有效对冲逆全球化力量的壮大，促进全球化朝着更加均衡、普惠、共赢的方向发展。

推动全球治理变革的首要任务是创新治理理念。随着非西方国家不断进入全球治理体系，这些国家也必然将迎来治理理念的多元化，将自身的历史文化传统和对世界秩序的理解带入全球治理当中，从而动摇西方治理理念的霸权地位。

主体间观念是维持全球秩序的首要因素，它决定了人们感知、看待和理解各种事物得以安排的方式，并且包含了关于世界政治的运作方式的心理状态、信念体系和共享观念等内容。也就是说，只有当非西方国家将自身的背景知识转变成世界各国所共享的主体间治理理念时，这种治理理念才能成为推动全球治理变革的社会力量。

正是在这一背景之下，中国提出以"共商共建共享"为核心的全球治理理念。它反映了治理中所蕴含的关系性，也就是说治理在本质上是治理主体之间的一种关系模式，它只能存在于主体间关系当中。它并不排斥规则治理，但也认为需要通过协商的过程来维持治理主体之间关系的和谐。规则治理可以帮助治理主体塑造共同预期，推动制度性合作，维持秩序并且使治理制度更加有效运行。关系治理则将治理看作是动态达成协议的过程，它的基础是国际间的协商和谈判，而不是一方对另一方施加控制，或强迫另一方接受以自我利益为中心的规则。在中国看来，国家不论大小、贫富或强弱，都是国际社会的平等成员，因此都应当平等参与决策。全球治理的规则制定不能由少数国家所垄断，治理成果也不能被少数国家所独占。要破解"治理赤字"，就要坚持全球事务由各国人民商量着办，推动治理规则民主化。

"一带一路"倡议是"共商共建共享"理念在实践中的具体体现，它倡导"世界的命运必须由各国人民共同掌握，世界上的事情应该由各国政府和人民共同商量来办"。在践行"一带一路"倡议时，中国不谋求把自己的发展模式、发展道路、发展计划和发展战略强加于别国，而是将本国政策同他国政策相对接，尊重各国现有的发展计划和政策，实现共同发展、共同繁荣。

因此，尽管"一带一路"是中国提出的发展倡议，但不是以中国为主导，中国也不寻求通过"一带一路"建立"势力范围"或扩大地缘政治影响力。"一带一路"秉持开放包容原则，既强调同各种已有的发展倡议相对接，而不是"另起炉灶"，又对所有愿意参与的国家敞开大门，不为合作预设任何先决条件。在建设"一带一路"进程中，各个国家都有平等的话语权，无论大国或小国，都在涉及自身利益的问题上拥有充分自主权。从本质上讲，"一带一路"倡导的合作是次区域合作与区域协调发展问题的结合，关注在合作过程中合作主体的协调性和互利性，体现了国家间的共生而非排斥关系。

同时，"一带一路"也不谋求取代现有治理制度，而是寄望于同各种现有制度加强合作、优势互补。正是基于这种理念，自提出"一带一路"倡议六年多以来，中国已经同136个国家和30个国际组织签署了195份政府间合作协议。对此，联合国秘书长古特雷斯表示，"一带一路"可以帮助发展中国家实现可持续发展目标，同时世界也将从快速发展的"一带一路"中获益，因为这一倡议可以推动"能够产生包容的、可持续的和持久的社会和环境收益的经济增长"。当前，中国正在努力推动"一带一路"向各领域延伸，如提出了"冰上丝绸之路"等，这对推动全球治理全方位均衡发展是很有帮助的。

　　当然，未来的全球治理并不能排斥西方发达国家所发挥的作用，而是需要发达国家和发展中国家责任共担、收益共享。同时，发达国家也应当在应对气候变化、难民危机、贫富差距扩大等问题上积极承担而非推卸责任。只有发达国家和发展中国家在"共商共建共享"原则下承担责任、履行义务、相互协商、共同参与，才能顺应全球治理体系变革的内在要求，推动全球化力量的健康发展，克服逆全球化思潮带来的消极影响，在百年未有之大变局时代维护国际关系中的公平与正义。

　　事实将证明，中国在"一带一路"倡议中所树立的"共商共建共享"原则，所提出的构建人类命运共同体的高远理想，是逆全球化的一剂解药。当前，新冠肺炎疫情仍然在全球范围内蔓延，严重威胁着各个国家人民的生命和健康安全。

这也从侧面说明，全球范围内已形成了你中有我、我中有你的利益共同体、责任共同体，也呼唤着治理共同体。全球治理只有在"人类命运共同体"意识的引领下，达成战略合作、采取共同行动，才能取得切实的成效。就全球化和全球治理的未来而言，国际社会是否能够积极合作起来，共同取得抗击疫情的胜利，将对其产生深远影响。

后2020上海国际金融中心建设前瞻

○ 周延礼

中国保监会原副主席

◎ 上海国际金融中心要成为国内大循环的中心圆点，画好同心圆，连接纵横轴，发挥其辐射功能，服务国家的整体经济发展规划、支持"一带一路"建设、服务长三角一体化和粤港澳大湾区等国家发展战略布局。

◎ 上海需要在金融国际化程度、金融制度、金融机构、金融中介机构、金融市场、金融结构、金融交易、金融规模、金融监管、金融从业人才、金融基础设施、金融教育、金融开放历史等方面加倍努力改善。

◎ 加快形成以我国金融大循环为主体、国内国际金融双循环相互促进融合发展的新格局，来破解全球金融变局。

◎ 我们在"双循环"战略实施的过程中，需要处理好扩大开放与制度改革的关系，处理好对外开放与风险控制的关系，处理好引进市场主体和强化监管能力的关系。

近日，《人民政协报》精心周到地安排部分政协委员围绕"后2020上海国际中心建设前瞻"调研主题进行了座谈，我结合学习中央政治局7月30日会议精神、学习《习近平谈治国理政》第三卷以及深化改革读书群学习的内容分享了意见和建议，重点就金融保险业如何贯彻落实一行两会一局发文阐明的金融支持上海国际中心建设的思考与大家做了交流。

一、关于上海国际金融中心建设的路径、目标与选择

　　上海国际金融中心建设已上升到国家战略，在面临百年未有之大变局、破解全球金融变局、落实"双循环"战略背景下，对这个议题做些思考显得意义重大：

　　一是上海可借鉴世界现有的国际金融中心城市（纽约、伦敦、法兰克福、苏黎世、新加坡、东京、中国香港等地）建设的经验和教训以及发展过程中的兴衰历程，周期性、阶段性、国际环境变化等因素，还有像百慕大、英属维尔京群岛等离岸金融注册地等的建设思路、发展过程、利弊得失等，结合我国的金融业发展的阶段性状况，体现新时代中国特色的金融中心建设思路，设定具体参考标准，来制定上海国际金融中心建设的顶层设计规划，列出时间表、画出路线图、

指定责任单位，循序渐进、量力而行、适时调整，一张蓝图绘到底。

二是参照现有的国际金融城市的经济、社会、人文等指标做些优劣比较，找出自己的优势，抓住根本与关键，从制度建设切入，按照国际金融中心建设需要，及时出台相关政策措施，完善相关法律法规，优化金融监管政策等，比如设立国际金融法庭、培育金融律师队伍、维护金融消费者权益、引进国际信用评级机构、强化国际会计准则制定能力、建立类似"四大"的审计机构、鼓励金融研究院智库建设、举办有影响力的国际金融会议、扩大陆家嘴论坛的国际传播力和影响力等营商环境因素，采取"请进来"与"走出去"相结合，学习借鉴、取长补短，扩大影响，形成有国际金融话语权和规则制定权的市场格局，真正将上海打造成为国内国际双循环的金融城市战略链接点。

三是上海国际金融中心要成为国内大循环的中心圆点，画好同心圆，连接纵横轴，发挥其辐射功能，服务国家的整体经济发展规划、支持"一带一路"建设、服务长三角一体化和粤港澳大湾区等国家发展战略布局。

四是上海金融市场要为国内企业外商投资提供融资"集散地"，鼓励更多的外资金融机构来沪设立经营性机构，鼓励资金跨境双向自由流动，使上海成为金融机构提供利率、汇率等价格指标的"风向标"，为外资金融机构提供金融信息的"来源地"，提高上海金融市场的国际竞争力。

五是上海要成为我国金融制度和政策策源地、金融开放

"自贸区"、金融产品创新先行区、防范风险的示范区、金融科技监管政策和数字货币使用的试点区，金融新产品要在上海先行先试，金融新模式在上海要鼓励探索创新。特别是随着新经济发展，在数字经济格局下，着力建设国际金融数据交易平台和数据中心，完善中国国际支付系统（CIPS），使其形成国际竞争力，服务全国、辐射全球。因此，上海国际金融中心建设要在资本、人才、数据、制度等产业要素等方面，加快推进"国内大循环中心圆点"和"国内国际双循环战略链接点"进程。

六是上海要为全国提供高水平、高质量、高效率的"三高"金融服务。要鼓励创新、探索实践。金融产品和服务的审批，可建立负面清单制度，产品 7×24 在线审批。具体到金融业务领域，要对银行、证券、保险、信托、基金、外汇、黄金、期货、航运金融、离岸金融等传统业务简化审批程序，提高金融服务的效率。要建设多元化金融生态，为经济、贸易、航运、科创中心建设和产业链供应链构建等提供全面的金融服务，与实体经济融合发展。上海要多出政策建议、多出制度规范、多出金融开放的有益经验，服务全国，影响全球。

目前，我国经济发展潜力巨大，有着超大规模的消费市场，已成为全球最有活力、规模巨大的市场，加上我国产业链供应链的优势，制造业门类齐全，民营经济活跃，机构数量庞大（1.2 亿户），有规模的中小企业约 9000 万户等优势，约 5 亿的劳动人口，可为金融机构提供有利的业务资源，也为金融机构服务实体经济发展提供了便利，同时也会促进金融业的发展，会取得互利双赢的效果。

二、关于上海国际金融中心建设中存在的短板

虽然现在上海已初步具备成为国际金融中心节点和战略链接城市的基本功能，但是上海金融业在法律法规、金融基础设施、金融要素结构、金融机构改革创新自主权、金融科技创新能力、金融国际化水平及全球金融资源配置权等多方面，还存在诸多短板。今后需要在金融国际化程度、金融制度、金融机构、金融中介机构、金融市场、金融结构、金融交易、金融规模、金融监管、金融从业人才、金融基础设施、金融教育、金融开放历史等方面加倍努力改善。

三、关于落实金融实施"双循环"战略的步伐

加快形成以我国金融大循环为主体、国内国际金融双循环相互促进融合发展的新格局，来破解全球金融变局。目前，我国金融业总资产333万亿元人民币，外汇储备近32000亿美元。在建设"双循环"的金融格局中，我们是有实力并具备条件和可能的。

一方面，我们要通过国内金融大循环的构建来扩大有效的金融需求，形成生产、流通、分配、消费互联互通的金融服务体系，积极服务实体经济发展和民生的改善，做到金融与经济社会融合发展；另一方面，我们要通过"一带一路"共建项目、粤港澳大湾区建设、长三角一体化发展战略、自贸区建设等，构建与国际贸易、国际投资和吸引外资来华投

资结合的大循环体系，服务于国家整体发展战略。

四、在"双循环"中，保险要助力上海国际再保险中心建设

由于保险业务的市场化和国际化特征，再保险是保险离岸业的核心要素。因此，上海国际金融中心建设中再保险要素不可或缺，要使其成为我国保险业在国内大循环的节点和国内国际双循环的链接点，加快上海保险业数字化、智能化、产业化建设步伐，形成保险、再保险中介、再保险市场、国际再保险市场相连接的风险转移与分散机制的数字化、智能化和产业化，要充分发挥上海保险交易所的平台功能，推动建立有国际影响力的保险风险定价机制、风险对冲机制、巨灾保险风险缓释平台（台风、洪水、旱灾、涝灾、突发公共卫生事件以及重大安全生产事故损失等），发行巨灾保险债券，缓解财政救灾资金压力，保障宏观经济的生产、分配、流通、消费各个环节正常运行，维护国家经济平稳发展、健康发展的大局。

众所周知，保险具有经济补偿、资金融通、风险管理、防灾减灾等方面的功能。由此可见，保险在制度供给、政策效应、人才保障、金融创新、资源配置等方面有扬长避短的效应和风险缓释的作用。在上海建设国内国际双循环战略链接中，保险还可以发挥补足短板、拾遗补阙的功能。因此，有以下几点建议：

第一，健全风险管理机制有利于推动上海国际金融中心

建设。保险业可根据企业发展需求帮助他们探索健全风险管理机制，对标国际一流营商环境风险状况，提出风险管理方案。在实现多元化金融生态与上海国际金融中心建设所需要的产业结合，达到金融与产业高度融合、风险保障相匹配，形成互相促进的风险管理格局，用市场化的风险管理机制保证企业的市场主体安全运营，为防范自然灾害、意外事故、突发公共安全事件、企业停工停产损失和人身意外伤害等提供保险保障。

第二，完善金融科技监管体制有利于探索上海金融科技"沙箱"监管新理念。在新经济时代，数字经济拉动数字金融快速发展，金融监管要充分利用现有的互联网、大数据、云计算、区块链和物联网等新技术、新手段和新模式，优化业务审批方式、实施监管申报流程再造，建立以诚信系统为基础的事中事后监管模式，为进一步深化金融监管"放管服"改革提供便利。

第三，提升金融业发展能级有利于上海金融保险业服务实体经济高质量的发展。保险可发挥经济补偿功能，稳定产业链供应链运行，与银行业合作对加强产业链补链固链强链有重要作用。特别是针对新冠肺炎疫情蔓延和贸易摩擦可能对国内企业造成断供断需断链、人员来往困难等情况，保险业可利用行业国际再保险风险转移渠道，获取信息提前预判做好应对。通过产业间协同渗透融合，促进实体产业能级提升和高质量发展。

第四，服务5G网络等数字新基建，有利于发展在线新经济新金融。目前全行业资金久期 12.5 年，保险资金这一特征可使其投资长周期的重大基础设施项目，可为国家重大科技基础设施优先布局提供资金支持，并进一步加大对国家新兴产业，如集成电路、生物医药、人工智能等"硬科技"新兴产业的投资规模。

第五，支持和稳定资本市场健康发展，有利于机构投资者群体建设。保险资金可利用资本市场优势，为创新企业提供融资便利，加强科技企业投融资合作。发挥保险资管协会作用，搭建资本投融资平台，积极引入产业资本、风险资本，为创新科技企业提供丰富和稳定的融资来源。在数字经济时代，保险可利用资本市场，探索支持知识产权、技术、管理、数据等的融资方式，推进技术交易、知识产权交易、大数据交易等要素交易，更好地发挥保险资金的资源配置功能。

与此同时，我们在"双循环"战略实施的过程中，需要处理好扩大开放与制度改革的关系，处理好对外开放与风险控制的关系，处理好引进市场主体和强化监管能力的关系。

建立自由贸易港开放型新体制对"双循环"发展意义重大

○ 迟福林

中国（海南）改革发展研究院院长

◎ 以高水平开放吸引全世界投资者到海南投资兴业，率先探索实行世界最新、最高经贸规则，将海南自由贸易港打造成为我国融入世界经济的前沿地带。

◎ 主动适应全球经贸规则重构新趋势，充分学习借鉴国际自由贸易港的先进经营方式、管理方法，将开放政策与制度创新结合起来，形成具有国际竞争力的自由贸易港政策与制度体系，为我国推进制度型开放提供先行先试经验。

◎ 海关监管制度创新，以贸易自由便利为目标，实行"一线"放开，"二线"管住，岛内自由。大幅放宽市场准入，扩大金融开放，开放人才政策，完成高度自由便利开放政策的制度创新。

2020 年 6 月 1 日，习近平总书记对海南自由贸易港建设作出重要指示，强调"海南建设自由贸易港，是党中央着眼于国内国际两个大局、为推动中国特色社会主义创新发展作出的一个重大战略决策，是我国新时代改革开放进程中的一件大事"。

当前，在全球经济格局发生复杂深刻变化的背景下，加快建立海南自由贸易港开放型经济新体制，是形成法治化、国际化、便利化的营商环境的重大举措，是我国积极推进经济全球化、坚定不移扩大开放的实际行动，是我国高水平开放的重要标志。加快推进海南自由贸易港建设进程，就是要按照习近平总书记"把制度集成创新摆在突出位置"的要求，对标当今世界最高水平开放形态，尽快形成既有中国特色、又有较强国际竞争力的自由贸易港开放型经济新体制。

一、建设海南自由贸易港的战略意义

新冠肺炎疫情全球大流行对全球经济造成严重冲击，并将影响经济全球化的现有格局。在这个特定背景下，要加快推进海南自由贸易港建设，以彰显我国"坚定不移扩大对外开放"的决心。

（一）经济全球化面临着严峻挑战

1."挑战性全球化"，并且挑战前所未有。疫情在全球蔓延，"挑战性全球化"的特点日益突出。例如，逆全球化的思潮抬头，全球化面临着倒退的挑战、结构性重组的挑战。

2.重创全球经济增长，并将导致全球经济陷入衰退。疫情严重冲击全球供应链、产业链，严重冲击部分行业；疫情重创国际贸易，导致全球经济增长速度下降；疫情导致全球经济衰退，并增大全球经济危机的可能性。

3.改变全球化既有格局，并将形成全球化的新范式。疫情蔓延助推了某些孤立主义、单边主义、民族主义和贸易保护主义思潮；疫情蔓延严重影响双边、区域贸易投资自由化和经济一体化进程，增大了某些自贸协定谈判的变数；疫情蔓延使大国经贸关系面临更为复杂的变化。

（二）建立高水平开放型经济新体制

1.从制造业领域为主的开放到以服务领域为重点的开放。一方面，服务领域已成为我国扩大开放的重点。2005—2018 年，我国服务业实际利用外资规模由 149.1 亿美元增长到 931.2 亿美元，年均增速达到 15%，高于我国实际使用外资平均增速 10 个百分点；在全国实际使用外资总量中的比重达到 69%，是制造业的 2.25 倍。另一方面，服务贸易仍是我国开放的突出短板。目前，我国服务贸易占贸易总额的比重低于全球 23.1% 的平均水平。"十四五"时期，从以制造业领域为主的开放到以服务领域为重点的开放转型将成为一个基本趋势。海南自由贸易港产业定位在符合自身特点的基础上，要适应服务业开放的大趋势。

2.从商品和要素流动型开放到规则等制度型开放。当前，我国正由要素流动型开放向规则等制度型开放转变，包括按照公开市场、公平竞争的原则，推进国有企业改革、知识产权保护、产业政策、政府补贴、环保标准等与世界经贸规则的对接，并形成与之相适应的制度与政策体系。自由贸易港是制度型开放的最高形态，海南应在制度型开放方面取得重要突破。

（三）打造引领我国新时代高水平开放的鲜明旗帜

1.建设海南自由贸易港是我国推动经济全球化的实际行动。在经济全球化受到严重冲击的背景下，加快推进海南自由贸易港建设，彰显了我国进一步扩大开放、更深程度融入世界经济的决心，是支持经济全球化、构建人类命运共同体的实际行动。以高水平开放吸引全世界投资者到海南投资兴业，实现各方共享中国发展机遇、共享中国改革成果；率先探索实行世界最新、最高经贸规则，将海南自由贸易港打造成为我国融入世界经济的前沿地带。

2.以制度型开放率先推动建立高水平开放型经济新体制。海南自由贸易港以制度型开放为重要标志，主动适应全球经贸规则重构新趋势，充分学习借鉴国际自由贸易港的先进经营方式、管理方法，将开放政策与制度创新结合起来，形成具有国际竞争力的自由贸易港政策与制度体系，为我国推进制度型开放提供先行先试经验。

3.推进区域一体化进程，打造我国面向太平洋、印度洋的对外开放门户。充分发挥海南地处太平洋和印度洋要冲的特殊区位和地理优势，利用建设自由贸易港的契机，通过制度型开放、全方位开放，使海南成为我国面向太平洋和印度洋的重要对外开放门户与21世纪海上丝绸之路的重要战略支点。由此，要增强海南自由贸易港的区域辐射带动作用，打造我国深度融入全球经济体系的前沿。

二、建设海南自由贸易港的战略任务

以制度型开放加快建立开放型经济新体制，是海南自由贸易港制度创新的战略任务。海南要全方位、大力度推进改革创新，以高水平开放促进全面深化改革。

（一）对标世界最高水平开放形态

1. 对标国际自由贸易港的一般特征。按照"一线放开、二线管住"的基本要求，在海南实行高水平贸易和投资自由化便利化政策，完善"准入前国民待遇＋负面清单"管理制度，保障货物、服务、资金、人员、信息等要素流动自由化和便利化。

2. 对标世界最高水平的经贸规则。率先在海南探索实施"零关税、低税率、简税制"，提升自由贸易港的全球资源配置能力和全球服务能力；借鉴并率先实施国际最新投资贸易协定的相关条款，尽快开展电信、环保、劳工、政府采购等领域的先行先试；引入发达经济体的服务业管理标准与人才互认标准，在服务贸易、数字贸易等重点领域加快探索，形成高标准"中国版"经贸规则。

3. 对标国际一流营商环境标准。聚焦贸易投资自由化便利化，要全面实施自由企业制度，保障市场主体实现在负面清单外自主注册、自主变更、自主注销、自主经营；要强化竞争政策的基础性地位，形成公开市场、公平竞争大环境；要建立严格的产权保护与知识产权保护制度，构建与国际接轨的多元化纠纷解决机制，为全世界投资者、创业者打造开放层次更高、营商环境更优、辐射作用更强的开放新高地。

（二）以制度型开放为主要举措的制度创新

1. 以贸易自由便利为目标的海关监管制度创新。实行"一线"放开，"二线"管住，岛内自由。例如，在严格监管下实现自由贸易港内企业自由生产经营；产品附加值增加30%，可作为岛内产品进入 14 亿人国内大市场。

2. 以大幅放宽市场准入为重点的投资自由便利制度创新。例如，"非禁即入"，实施市场准入承诺即入制；创新自由投资的相关制度；完善产权保护；平等待遇，公平竞争。

3. 以扩大金融开放为重点的跨境资金自由便利制度创新。海南金融开放需要一个过程，需要在高水平开放中加快海南金融体制创新。要扩大金融业开放范围；加快金融改革创新；积极发展离岸金融业务。

4. 以加快开放的人才政策为重点的人员进出自由便利制度创新。例如，提供高水平的人才移民服务；实行更加便利的出入境管理政策，有序扩大签证范围。

5. 以高度自由便利开放政策为重点的运输往来自由便利制度创新。要实行更加开放的航运制度；加快建设"中国洋浦港"，把洋浦港打造成为以油气资源储藏、加工、运输、交易为重点的国际性航运枢纽。

（三）打造国际化、法治化、便利化的营商环境

1. 以制度型开放为重点充分激发市场活力。市场活力不足、市场主体薄弱，是海南经济实力弱的突出表现。加快自由贸易港建设，关键是要尽快集聚一批具有较强竞争力的市场主体。要进一步激发各类市场主体活力，在市场准入承诺即入制、投资自由制度、公平竞争制度、产权保护制度等方面探索符合自由贸易港发展的制度安排。以制度型开放推动自由贸易港的开放政策、税收政策等政策优势与制度创新相结合，形成市场环境建设的突出优势。

2. 以建设高效率政府为重点的行政体制改革。要采取特别举措，建立与最高水平开放形态相适应的高效率行政体制；要建立政府政策诚信制度，强化对政府政策执行的约束，提高政府效能，降低企业办事成本；要进一步提升政府公信力，引领其他领域信用建设，推动建设诚信社会，打造国际一流的营商环境。

三、建设海南自由贸易港的战略行动

面对新形势、新挑战，当务之急是以服务业项下自由贸易的"早期安排"，实现服务型经济发展的新突破，以吸引更多境内外企业到海南创新创业。

（一）以"早期安排"取得"早期收获"

1. 以扩大服务业市场开放的"早期安排"取得产业发展

的"早期收获"。

——以文化产业市场开放的"早期安排"取得旅游国际化水平提升的"早期收获"。例如，取消外商投资文化、体育、娱乐企业的股比限制，率先在这些领域实行"零关税"的"早期安排"，以取得文化娱乐与旅游融合发展的"早期收获"，并由此促进海南现代服务业的较快发展。

——以教育市场开放的"早期安排"取得"教育开放创新岛"的"早期收获"。要在符合条件和标准、严格监管的前提下，允许并鼓励境外资本在理工农医类等领域独立办学。

——以医疗健康市场开放的"早期安排"取得"医疗健康岛"的"早期收获"。把博鳌乐城国际医疗旅游先行区建设成为"国际性医疗硅谷"的同时，尽快把其中某些政策逐步在全省推广实施，以努力在医疗健康产业的高度开放方面取得"早期收获"。

——以高新技术产业开放的"早期安排"取得"智慧海南"建设的"早期收获"。推进高新技术产业开放，促进大数据、区块链、云平台等新兴技术与传统产业融合。

2. 以实施"零关税"的"早期安排"取得制度创新的"早期收获"。

——对医疗健康、文化娱乐、旅游、教育、科技研发、会展等服务业行业发展所需原材料、基础设施配套的用品设备进口实施"零关税"，并免除进口环节增值税；对事关民生的重点行业实施"零关税"。

——把日用消费品"零关税"作为"早期安排"的重中

之重。尽快在日用消费品领域做"零关税"的"早期安排"，这有利于解决本岛居民收入不高但生活成本却高企不下的突出问题。

——把防止走私和保障公众安全作为海南自由贸易港海关监管的基本要求。作为一个相对独立的岛屿，加上现代科技监管手段的有效应用，海南有能力、有条件把"零关税"的风险降至最低。

3. 以人才制度创新的"早期安排"取得广揽人才的"早期收获"。

——创新人才发展制度的"早期安排"。探索实行政务官和事务官分类管理制度，事务官参照国际标准实行市场化薪酬待遇；除党政部门外，事业单位、社会组织等从业人员取消编制管理，全面实行聘用制。由此，打破人才管理行政化、封闭化的传统格局，建立以专业性、开放性为导向的人才管理体制。

——出台吸引人才的特殊政策的"早期安排"。尽快改变海南教育、医疗、高新技术产业相对落后的现状，要力争在税收政策上率先实现突破。

——建设服务人才发展环境的"早期安排"。以建立多种类型的平台为主体吸引海内外人才，营造创新创业的良好环境，建立并完善国际化人才服务及用工环境。

（二）2025 年初步形成自由贸易港的政策与制度体系

例如，加快营造国内一流的营商环境，助推市场主体数量增长，明显提高重点产业竞争力，不断提升经济社会发展的质量和效益；有力有效防范和化解各种风险；加快建立与自由贸易港建设相适应的法律法规。

（三）2035 年自由贸易港政策与制度体系更加完整、更加成熟

例如，建立自由化、公平化、法治化的高水平贸易投资规则；实现贸易自由便利、投资自由便利、跨境资金自由便利、人员进出自由便利、运输来往自由便利和数据安全有序流动；营商环境更加优化，法律法规体系更加健全，风险防控体系更加严密，现代社会治理格局基本形成，成为我国开放型经济新高地。

四、疫情冲击下海南自由贸易港建设的战略举措

适应高水平开放新趋势，要赋予海南更大改革自主权，支持海南全方位、大力度推进制度集成创新，积极探索建立适应自由贸易港建设的体制机制安排。

（一）以产业项下的自由贸易推进产业发展进程

1. 以产业大开放形成产业大发展的新格局。产业基础薄弱是海南自由贸易港建设的突出问题。2019 年海南旅游业增加值仅相当于上海 2018 年的 1/5；高新技术产业增加值不足北京的 1/30。海南建省 30 多年的实践表明，没有产业大开放就没有产业大发展。加快建立以旅游业、现代服务业与高新技术产业为主导的自由贸易港产业体系，重在加快推进服务业项下的自由贸易进程。例如，建设国际旅游消费中心，关键在于加快推进旅游、文化、体育、娱乐、免税购物等产业

项下的自由贸易进程；发展海南热带现代农业，出路在于通过加快推进物流、加工、包装、仓储等生产性服务业项下的自由贸易进程以及中央赋予的海南原产地政策等，将海南打造成为背靠14亿人的国内大市场，面向泛南海区域的热带农产品加工、储藏、交易中心。

2. 以高水平开放推进教育、医疗与公共卫生的高质量发展。发展现代服务业与高新技术产业，重在引用人才。进入发展新时代，在以事业吸引人才的同时，高水平的教育、医疗与公共卫生发展水平成为吸引人才、留住人才的重要基础条件。从现实情况看，海南有一流的生态环境，但教育、医疗与公共卫生发展水平仍比较落后。为此，要以高水平开放，大力引进国内外优质医疗资源、教育资源。若经过5～10年的努力，使海南的教育、医疗与公共卫生发展水平接近或达到国内发达地区的水平，海南发展现代服务业、高新技术产业就有了重要基础和条件，海南人民的幸福感、获得感就会明显增强。

3. 要着眼于加快现代服务业与高新技术产业发展，形成开放政策的"早期安排"。与上海等发达地区不同，海南工业体系和现代服务业发展严重滞后，各类产业园区对全省产业发展的拉动作用有限。从海南的省情出发，自由贸易港"早期安排"设计要立足于现代服务业、高新技术产业基础十分薄弱的现实情况，在注重园区发展的同时，尽可能将开放政策与"零关税、低税率、简税制"等特殊政策的"早期安排"向全省重点产业倾斜。

（二）打好"两张王牌"

1. 以健康"王牌"形成疫情下自由贸易港开局新亮点。疫情在对旅游业等服务业产生严重冲击的同时，也对"健康海南"提出迫切需求。建议尽快在医疗健康领域推出某些"特别之举"，着眼于建设高质量公共卫生防控救治体系，争取"十四五"末期将卫生支出占财政支出比提升至10%以上，其中公共卫生支出比重显著提升。

2. 以免税购物"王牌"尽快在日用消费品领域实行"零关税"的"早期安排"。2018年，海南人均旅游花费仅为大陆居民出境旅游平均花费的23%，是大陆居民赴夏威夷旅游的11%、香港的21%、台湾的28%。建议尽快在日用消费品领域实现"零关税"，使免税购物政策惠及全体游客和全省居民；同时推进免税购物市场的全面开放，由此，加快国际旅游消费中心建设进程。

（三）集聚有竞争力的市场主体和打造公开和可预期的市场环境

形成以旅游业、现代服务业和高新技术产业为主导的海南自由贸易港产业体系，加快培育具有海南特色的合作竞争新优势，关键是要尽快集聚一批具有较强竞争力的市场主体。要以制度型开放为重点打造公开、透明、可预期的投资环境，充分激发市场活力。

1. 要建立健全公平竞争市场制度，强化竞争政策的基础性地位。打破市场垄断与行政垄断，确保各类所有制市场主体在要素获取、标准制定、准入许可、经营运营、优惠政策等方面享受平等待遇。政府采购对内外资企业一视同仁。

2.统筹强化产权保护与知识产权保护。加快产权保护制度化、法治化进程，依法保护私人和以民营企业与中小企业为重点的法人财产的取得、使用、处置和继承的权利，以严格的法治维护商业自由和市场秩序；加大知识产权侵权惩罚力度，实现知识产权保护标准、规则等与国际接轨。

3.要着力推进政府机构改革和政府职能转变。进一步推动大部门制改革，明显提升政府政策执行效率，打通政策落实的"最后一公里"；加快推动政府向市场、社会放权，实质性转变政府职能。

新华社记者 李刚 摄

新华社发

在"双循环"新发展格局中发挥重要作用

○ 范恒山

国家发改委原副秘书长

◎ 上合示范区在形成"双循环"新发展格局中所应发挥的作用是：一方面，通过自身的创新性发展与国内其他地区的合作联动，推动国家产业链供应链稳定性和竞争力不断提升；另一方面，通过更加深入的对外开放和与国际的深度合作，推动构建相互融合的新产业链供应链网络、公平公正的全球经济治理体系。

◎ 上合示范区建设要切实打好三个基础：构筑国际化的开放环境；构筑智能化的运行设施；构筑包容性合作平台。

◎ 上合示范区建设要力求在四个方面做出示范：一是在构建开放联动的创新体系方面；二是在推进产业基础的高级化和产业链现代化方面；三是在推动多元合作交流特别是经济文化一体交流方面；四是在维护全球化和多边贸易体制方面。

建设中国－上海合作组织地方经贸合作示范区（简称上合示范区）是深化国际合作的一个重要举措。加快形成以国内大循环为主体、国内国际双循环相互促进的新发展格局，是中央基于世界百年未有之大变局加速演进，国际环境日趋复杂、不稳定性不确定性明显增强，且经济安全、国家安全风险增大，而我国发展具有多方面的优势，但不平衡不充分问题仍然突出的大环境所做出的战略决策，是今后和未来我们要长期努力推进的一项重大使命。这虽然是形势所逼，但也是发展必然，是我们在发展阶段转换时期争取主动、确保立于不败之地的必然选择。上合示范区作为"一带一路"国际合作的重要平台，基础条件得天独厚，能够也必须在推动形成"双循环"新发展格局中发挥重要作用。

上合示范区的优势表现在：有实力雄厚的青岛乃至山东做支撑，有地域广阔、人脉广泛的上海合作组织做依托，有开放包容、互利互惠的"一带一路"建设作基础。且建设上合示范区是重要的国家战略，因而有来自中国政府和全国各地的坚定支持与帮助。上合示范区在形成"双循环"新发展格局中所应发挥的作用是：一方面，通过自身的创新性发展与国内其他地区的合作联动，推动国家产业链供应链稳定性和竞争力不断提升，促进供给与需求有机配套、生产流通与消费及时转换、产业与市场精准对接，实现国家经济社会更有质量、更有效率、更加公平、更可持续、更加安全的发展；另一方面，通过更加深入的对外开放和与国际的深度合作，推动构建相互融合的新产业链供应链网络、公平公正的全球经济治理体系，共同促进世界经济沿着开放、包容、均衡、普惠、共赢的方向发展。对内对外开放一体展开、国内循环和国际循环相互促进，推动中国与世界经济共同发展进步。

这种作用与上合示范区设立的定位在总体上是相符合的。中央明确，设立上合示范区，旨在打造"一带一路"国际合作新平台，拓展国际物流、现代贸易、双向投资合作、商旅文化交流等领域合作，更好地发挥青岛在"一带一路"新亚欧大陆桥经济走廊建设和海上合作中的作用，加强我国同上合组织国家互联互通，着力推动双向互济、陆海内外联动的开放格局。

而要做到这一点，示范区自身的发展及与国内的合作发展是基础。但推动"双循环"新发展格局对上合示范区的建设提出了更加严格与高深的要求。它要求上合示范区不能作为一般开放区建设，不能只满足于提供日益增长的地区生产总值。它的建设运行必须成为合作的支撑、开放的典范，它还应当创造范式、提供标准、形成导向、输送经验。换言之，要更好地履职尽责，特别是适应新的形势要求，推动"双循环"相互促进新发展格局的加快形成。因此，上合示范区必须努力站在高的基点上，积极谋求高品位，全面形成高质量。

顺便要提及的是，中央深改委第九次会议在审议通过《中国－上海合作组织地方经贸合作示范区建设总体方案》的同时，审议通过了《关于支持深圳建设中国特色社会主义先行示范区的意见》，这在客观上呈现出南部深圳特色先行区、北部青岛上合示范区同步建设的格局，也自然而然地形成了对比建设的状态。今天深圳正在向更高目标迈进，进入了新的爬坡过坎阶段，实现更大的发展并不容易。但深圳毕竟处于区域发展高位，不仅有这些年积累的综合优势，而且也已具备较大的国际影响力和社会感召力。如前所述，上合示范区建设也具备不少优势，且是在一张白纸上画画，没有历史的包袱和羁绊，但综合条件和社会影响力与深圳特色先行区相比存在较大的差距。为此，上合示范区建设需要付出超常的努力与超凡的智慧。

基于这种要求，上合示范区建设要切实打好三个基础，力争做到四个示范。

要全力夯实三个基础：

第一，构筑国际化的开放环境，为"双循环"打好制度基础。全面对接国际高标准市场规则体系，按照最为开放的尺度设计政策构架，以公正、平等、信用为核心打造稳定、透明、可预期的管理体制和营商环境；全面推进投资贸易自由化便利化，探索实施具有国际竞争力的税收制度安排；严格国际知识产权保护，实施侵权违法加倍惩治制度；强化配套公共服务，为国际优秀人才流动、创业、居住、生活提供最大程度的便利。

第二，构筑智能化的运行设施，为"双循环"打好硬件基础。以"通联"为指向、以"高先"为标准一体推进新老基建。全面审视现有基础设施布局，根据需要高标准建设一批基础设施，加快原有普通基础设施的网络化智能化改造，全面形成高速、移动、安全、泛在的新一代信息技术设施。应结合5G网络等新基建，形成国际领先的数字技术与经济体系，实现全方位、多领域的智慧应用。应该特别强调，在新的科技与产业革命快速推进的形势下，在人类进入信息化、智能化发展的新时代，数字技术已成为开展一切活动的必要条件，没有高水平的数字基础设施，各类合作无法有效展开，创新活动难以顺利进行。可以说，在这方面落后了，其他一切方面必然会落在后面。

第三，构筑包容性合作平台，为"双循环"打好支撑基础。青岛围绕建设区域物流中心、现代贸易中心、双向投资合作中心、商旅文化交流中心和海洋合作中心等"五个中心"，已经打造了一批合作平台，应进一步解放思想、创新方式，充分体现"包容"和"互惠"的原则，结合实际需要与区域特点，谋划搭建一批具有特色的平台、载体和机制，以促进国内地区间和国与国之间的交流合作。不仅要重视示范区内部的平台设立，还应考虑依托国际协调机制在其他适应地方合作设立平台。通过平台建设，不断赋予示范区新的发展能量、持续叠加战略功能和先行先试权利，依此进一步加快和深化对内对外开放合作进程。

立足于这样的基础，根据定位的要求，上合示范区建设要力求在四个方面做出示范或表率。

一是在构建开放联动的创新体系上做出示范。开放联动创新不仅能提高创新能力，更能使参与创新的各方共同受惠。上合示范区要成为国际联动创新或合作创新的有效平台，通过推动发展战略协同对接、强化利益共享机制、实行国际通行规则、加强互惠交流等多种手段，促进国内外创新资源要素的集聚与利用，打造创新特别是科技创新的共同体，把示范区建设成为全球的创新高地和前沿性创新成果的输出地。

二是在推进产业基础的高级化和产业链现代化方面做出示范。应对产业链供应链断裂风险和国际贸易保护主义、经济霸凌主义的根本出路在于，以关键核心技术为支撑形成产业链供应链的完整性和高级化。产业链供应链的提升是全面充分参与国际大循环的条件，换言之，产业基础的高级化和产业链现代化是应对国际围堵遏制、提高竞争力水平，参与国际经济循环的强有力保障。上合示范区应借助双向投资合作等途径，协力开展关键核心技术环节的补短板和锻长板，促进产业结构、经济结构强筋壮骨、优化提升，打造国际合作共赢的产业链供应链。

三是在推动多元合作交流特别是经济文化一体交流方面做出示范。上合示范区不仅承负着拓展国际投资贸易的任务，而且具有推进文化交流的职责。文化交流是国际合作的民心与社会根基，文化交流提升经贸活动，经贸活动促进文化交流。但文化与经贸具有不同的特性、不同的表现形式，是不同国家、民族文明的集中体现。如何使文化与经贸既各展其能、竞放异彩，又相向发力、协同发展，需要开展内容优选、成果呈现、机制对接、载体支撑等多方面的探索。而作为"一带一路"政策沟通、设施联通、贸易畅通、资金融通、民心相通等"五通"的缩影，上合示范区已经搭起了包括"商旅文化交流中心"在内的五个中心的构架。依托五个中心开展的多元文化交流合作，特别是在经济文化融合发展方面的成功探索，将为深化"一带一路"合作提供有益的和新鲜的经验。

四是在维护全球化和多边贸易体制方面做出示范。通过准入前国民待遇＋负面清单制度，通过国内外各类市场主体在使用资源要素、享受支持政策、获得公共服务等方面完全拥有平等待遇，通过各种合作机制与平台，推动和深化国际合作，探索全球经济运行新规制。正如青岛所规划的那样，要把上合示范区打造成为与上合组织和"一带一路"沿线国家融合发展的重要载体，作为面向日韩构建东西双向互济、陆海内外联动开放格局的重要平台。发挥类似当年"小球推大球"的效应，用务实的举措遏制单边主义和保护主义，应对国际上经济关系"脱钩"与产业链条"断裂"的逆动之举。

从规模上的"大雁"
变成价值链上的"头雁"

○ 欧阳峣

湖南师范大学原副校长

◎ 在从"半边缘地区"向"核心地区"转变的过程中,中国经济通过转型升级将成为全球经济的"头雁"之一。

◎ 从当前世界经济格局看,美国是芯片、金融等产业的"头雁",欧盟是医药、化工等产业的"头雁",日本是家电、汽车等产业的"头雁",中国是高铁、电商等产业的"头雁"。

◎ 从经济发展上说,就是要利用"多极雁行"发展格局谋求全球价值链重构,通过创新驱动经济转型升级,使中国经济从产业规模上的"大雁"变成价值链条上的"头雁"。

习近平总书记在主持召开企业家座谈会时指出："要拓展国际视野，立足中国，放眼世界，提高把握国际市场动向和需求特点的能力，提高把握国际规则能力，提高国际市场开拓能力，提高防范国际市场风险能力，带动企业在更高水平的对外开放中实现更好发展。"进入新世纪以来，一大批新兴经济体和发展中国家快速发展，世界多极化加速发展。如何在一个更加不稳定不确定的世界中谋求我国发展，培育新形势下参与国际合作和竞争的新优势，是当前经济领域的重要议题。从产业发展的视角来观察，通过形成动态比较优势参与全球价值链重构，是未来的一个努力方向。

一、从"二元"到"三元"的世界经济体系

20 世纪中期，发展经济学的拉美学派提出的"中心—外围"理论，成为结构主义理论的重要基石和当时的拉美国家制定政策的主要理论依据。其主要代表人物普雷维什认为，世界经济可以划分为中心和外围两个部分，那些已经实现工业化的国家成为"中心部分"，而从事农业和初级产品专业化生产的国家成为"外围部分"，整个世界经济就是建立在"二元结构"基础上的。中心国家的角色是大规模生产资本品和工业消费品，在满足本国需求的同时出口到外围国家；

外围国家的角色则是原材料的生产者、廉价劳动力的提供者以及大规模标准化工业品的消费市场。

在这种体系下，中心国家和外围国家通过商业贸易彼此联系在一起，落后的外围国家对先进的中心国家的经济依赖性不断加强。二战以后，拉美国家意识到这种国际分工体系阻碍了他们获取技术进步的收益，于是纷纷开始选择工业化作为国内经济扩张最重要的手段，并迅速走上工业化道路，进而推动了世界经济体系的演变。

20世纪中后期，随着新兴经济体和地区经济的兴起，美国学者沃勒斯坦提出了新的世界体系理论。他在"中心"和"外围"之间增加了"半边缘"的概念，并用"核心—半边缘—边缘"的结构来分析现代世界经济体系，从而建立起一个三层次的解释框架：一些经济减退的发达资本主义国家和一些新兴工业化国家，构成了"半边缘"国家，从而增加了现代世界经济体系的复杂程度。从"中心—外围"的"二元"结构理论到"核心—半边缘—边缘"的"三元"结构理论，反映了世界经济格局的变化。

进入新世纪，世界经济格局出现新的变化。诺贝尔经济学奖得主迈克尔·斯宾塞提出，全球经济正以惊人的速度发展演变，世界经济格局将会进入大重构的时期，以美国为主导的单中心权力体系将面临解体，世界将会出现多个力量中心并存的多极化格局，这个时期的世界经济具有三个明显特征：一是世界经济体系的异质性增加，出现多个经济中心，美国、欧盟、中国和日本等经济体共同主导全球经济；二是各个经济中心的力量可能会此消彼长，世界经济格局在"均衡—非均衡—均衡"的过程中演变；三是新兴经济体崛起的可能性增加，在从"半边缘地区"向"核心地区"转变的过程中，中国经济通过转型升级将成为全球经济的"头雁"之一。

二、从"雁行形态"到"多极雁行"产业格局

日本经济学家赤松要教授从纺织工业的兴衰过程中，发现了经济发展与产业结构升级的内在联系，提出"雁行形态"理论，即，以最发达国家为顶端，处于不同发展阶段的国家按顺序排列的产业发展状态。他的学生小岛清将"雁行理论"精细化和理论化，构建了相应的国际分工理论，并运用"雁行理论"分析对外直接投资，主张"对外直接投资应从本国（投资国）已处于或即将处于比较优势的产业——可称为边际产业（这也是对方国家具有显性或潜在比较优势的产业）依次进行"。"雁行形态"理论为战后日本产业结构的优化升级提供了理论依据，展现了后进国家通过引进先进国家的产品和技术，建立自己的工厂进行生产以满足国内需求和出口创汇，进而后来者居上取代"头雁"地位的过程。

"雁行模式"被人们用来描述东亚国家经济依次腾飞的图景，诺贝尔经济学奖得主约瑟夫·斯蒂格利茨在《东亚奇迹的反思》中就曾用"雁行假说"解释东亚国家的工业化进程，即工业部门的重心从第一组工业化国家（地区）向第二组国家（地区）转移，进而向第三组国家（地区）转移。如日本的对外直接投资带动技术和产业转移，为韩国和中国

台湾地区等提供市场机会；后来，日本主要生产最复杂的高端产品，中端产品则由韩国、新加坡和中国台湾地区生产；现在，上述国家（地区）也转向重工业和高科技产品部门，轻工业则由泰国、菲律宾和印尼承担。日本经济学家伊藤和森井具体地分析了制造业各子部门在亚洲国家的演进，他们将制造业子部门划分为劳动密集型、资本密集型和技术密集型部门，描述了三者之间表现出的周期性特点：工业化的后进者通常会重复领先者的产业构成的变化；亚洲国家和地区成功地将领先者在制造行业的比较优势向跟随者传递，而跟随者又逐渐向后来的跟随者传递，从而实现更多国家或地区的经济繁荣。

在世界经济多极化背景下，随着"雁行模式"的延续和扩张，世界经济正在形成"多极雁行"的产业格局。即，随着一些跟随者成长为"头雁"，将逐步形成不同产业部门交织的、由不同国家和地区领头的"多极雁行"格局。从当前世界经济格局看，美国是芯片、金融等产业的"头雁"，欧盟是医药、化工等产业的"头雁"，日本是家电、汽车等产业的"头雁"，中国是高铁、电商等产业的"头雁"。随着新兴经济体的崛起，世界进入大变革大调整的时期，多极化趋势愈益明显。

"多极雁行"格局的形成具有以下特点：第一，新兴经济体已经和正在成为全球制造业的"头雁"。中国作为新兴经济体的典型代表，已成为与美国、德国并行的全球制造业中心，高铁、电商等行业逐渐确立了在全球的引领者地位，电子、汽车、轨道交通和工程机械等行业在生产规模上已居世界前列。其他新兴经济体在制造业中的地位也呈上升势头。第二，"多极雁行"格局是新兴经济体利用综合优势的结果。新兴经济体在某些制造行业取得领先地位，主要是较好地利用了自身的综合优势，包括要素禀赋的比较优势、超大规模国家要素和市场的规模优势等。第三，"多极雁行"格局将伴随着产业"头雁"之间的经济摩擦。在新兴经济体和发达国家经济力量变动的过程中，不仅新产业格局得以构建，而且价值链位置也会进行调整，很有可能产生利益矛盾和贸易摩擦。比如近两年来，美国为遏制中国经济崛起而发动贸易战，推行贸易保护主义政策，成为经济全球化进程中的逆流。

三、从"多极雁行"格局到价值链的重构

多元世界体系和"多极雁行"产业格局的形成，为中国经济的转型提供了战略机遇。习近平总书记指出，"要胸怀两个大局，一个是中华民族伟大复兴的战略全局，一个是世界百年未有之大变局，这是我们谋划工作的基本出发点"。怎样在大变局中谋求发展？从总体战略上说，就是要抓住世界百年未有之大变局推进中华民族的伟大复兴。从经济发展上说，就是要利用"多极雁行"发展格局谋求全球价值链重构，通过创新驱动经济转型升级，使中国经济从产业规模上的"大雁"变成价值链条上的"头雁"。

第一，新兴经济体的产业链地位为价值链升级提供了产

业基础。新兴工业化国家实现经济赶超的重要经验，就是遵循要素比较优势进入国际分工体系，在经济起飞的基础上实现从产品到产业再到价值链的梯度升级。改革开放以来，中国积极融入国际分工体系，已在全球产业链中占据重要地位。一是总量上迅速扩张，目前全球制造业出口的19%来自中国，中国已经形成明显的产业规模优势；二是配套上愈益完善，已形成完备的产业配套能力；三是结构上逐步改善，产品技术含量增加，已形成服务贸易和商品贸易并重的产业分工格局。中国依托自身的综合优势，成为世界制造业中心，奠定了在全球产业链和供应链的重要地位，同时也为实现全球价值链位置的攀升创造了有利条件。

所谓产业链，是指在经济布局和产业组织中的不同区域、产业或相关行业之间具有链条式关联的产业组织；所谓价值链，是指经济体或企业在特定产业部门形成的反映其技术水平及经济效益的产业价值关系。产业链是价值链的基础，而且产业链的形成需要经历要素耦合的长期过程，我们可以凭借产业规模和配套能力强的优势，利用在全球产业链中前向和后向参与度都比较高的枢纽位置，积极推动产业和产品结构升级，进而改善在全球价值链中的位置，尽快从产业价值链中低端向中高端攀升，并在一些优势产业中成长为全球价值链的"头雁"。

第二，实现产业链和价值链转换是新兴经济体迈向高收入的必要条件。从宏观层面看，全球价值链涉及附加值分配和贸易利益问题，价值链位置的攀升可以促进国民收入水平的提高。中国通过经济开放不断融入全球经济和全球价值链，促进了贸易利益的显著增加和经济的快速发展，但目前在总体上仍然处在全球价值链的中低端，如果长期陷入中低端锁定的困境，必将难以跨越中等收入阶段。世界银行的《2020年世界发展报告》指出，中国在1990年至2015年间，从一个初级制造业的提供者升级为先进制造业和服务业的提供者，这同中国国民收入变动状况是相适应的。为此，我们必须发挥新兴经济体经济发展的综合优势，突破全球价值链位置的中低端锁定，在更多的产业成为全球价值链的"头雁"，才能最终跻身高收入国家行列。

第三，创新驱动是新兴经济体实现产业链和价值链升级的必由之路。价值链升级的基本路径：第一步是从初级产品生产转向初级制造业，第二步是由初级制造业转向先进制造业和服务业，第三步是由先进制造业和服务业转向创新活动。全球经济中产业链和价值链攀升主要依赖于技术进步和创新活动。中国目前处在从价值链中端走向高端的起步时期。自2000年以来，中国现代服务业的前向参与度不断提高，现代服务业主要属于知识密集型产业，这表明中国出口产品隐含的研发要素逐渐增加，正在促进制造业部门在全球价值链中的位置不断得到改善。

目前，我国正致力于建设创新型国家，使创新活动成为引领经济发展的第一动力，为此，需要在两个领域加快发展：一是在已经成为国际上技术并行者或领跑者的产业，如高铁、通信技术等产业，依托先进的产业技术和强大的配套能力，利用庞大的市场规模和产业规模优势，有效聚集全球创新资源，研发出国际前沿水平的关键技术，牢牢占据价值链的顶端；二是抓住新一轮新技术革命的机遇，同发达国家站在同一起跑线上发展数字经济，利用国内的消费市场规模优势，快速发展大数据、物联网和电商产业，打造最佳的数字经济生态系统，培育全球产业链和价值链的"头雁"。

从客场到主场：
中国经济全球化的新格局

○ 刘志彪

国家高端智库建设培育单位"长江产业经济研究院"院长

◎ 客场经济全球化取得巨大成功的内在原因是我国在生产要素方面存在着巨大的比较优势，切入全球价值链后进行全球竞争，我们有巨大的竞争优势。但在 2008 年世界金融危机后，我们越来越发现在客场进行的经济全球化，从大国发展的角度看是一种不可持续的战略。

◎ 要尽快把在客场进行的、以出口为主要特征的经济全球化，升级为在主场进行的、以利用内需为主的经济全球化。我们不仅要以国内大市场体系循环代替"两头在外、大进大出"的单循环格局，而且要让国内市场与国际市场链接起来，以国内市场发展和壮大促进和带动国内企业参与国际市场循环。

◎ 建成统一、竞争、有序、开放的市场体系，是形成以国内市场为主体、"双循环"新发展格局的前提和基础。

"双循环"新发展格局提出后，各方面都提出了自己的一些理解，其中有些认识存在一定的偏差。一种较为典型的误解是，认为中国将要实行闭关自守政策，重走自我循环的老路。习近平总书记为此多次强调，中国开放的大门不会关闭，只会越开越大。以国内大循环为主体，绝不是关起门来封闭运行，而是通过发挥内需潜力，使国内市场和国际市场更好联通，更好利用国际国内两个市场、两种资源，实现更加强劲可持续的发展。

　　习近平总书记的相关论述，从理论上清晰地阐述了以下问题：一是过去的经济全球化是"两头在外"利用西方国家的市场；二是在逆全球化浪潮和疫情冲击的背景下，中国要高举经济全球化大旗，就必须开发和利用我们的内需市场；三是以国内大循环为主体，是为了用内需来更好地联通国内市场和国际市场，更好地利用两个市场和两种资源，而绝不是为了关起门来封闭运行；四是中国发挥内需潜力不仅可以为我国经济发展增添动力，而且可以带动世界经济复苏。

　　众所周知，中国过去以瞄准国外市场进行出口导向的经济全球化战略，在40多年中取得了巨大成功。这一全球化战略的实施，是在客场进行的。为什么没有在自己的主场进行？因为国内市场发育不足或不良，既无法消化日益增长的供给能力，也无法引导或决定资源配置。因为人均收入低、消费能力差，如果企业仅仅瞄准国内市场，就没有办法通过销售以实现扩大再生产。经济转轨中虽然我国居民收入水平有了迅猛增长，但由于国内市场分割或市场主体的信用不足，企业发现我们的国内市场往往是看起来比较大，而实际可利用的规模和效能并不大，企业就更愿意选择出口销售。

客场经济全球化为什么能取得巨大的成功？内在的原因是我国在生产要素方面存在着巨大的比较优势，切入全球价值链后进行全球竞争，我们有巨大的竞争优势。但在2008年世界金融危机后，我们越来越发现在客场进行的经济全球化，从大国发展的角度看是一种不可持续的战略。一是过于依赖西方国家的市场，对自身发展资源利用不足，尤其是不能有效地用好自己逐步成长的市场容量这一重要竞争优势；二是长期进行国际代工，不仅难以在竞争中培育出自主品牌和技术并取得高附加值，而且容易在复杂多变的国际环境中遭遇某些国家的抵制，丧失发展的自主性；三是我们自身的比较优势也在发生变化，随着发展水平的提升，廉价要素不再是竞争优势，逐步形成的超大规模市场将成为真正的优势。

为此，要尽快把在客场进行的、以出口为主要特征的经济全球化，升级为在主场进行的、以利用内需为主的经济全球化。简单地说，就是要利用内需，对全球开放市场。世界市场或全球市场不是一个地理学概念，不是用区域来划分的，而是一个开放与否的概念：市场只对本国开放，就是国内市场，如果对全球各国开放，就是全球市场。

这样一来，一是内需就成为实现全球化战略转型的工具、资源和手段。二是中国市场成了全球市场后，新一轮的全球化将在我们的主场进行，内需市场开放是更大的对外开放。三是可以利用内需来促外需，即一方面用内需虹吸全球先进生产要素为我所用，发展创新经济，进行产业升级；另一方面依托庞大的内需，实现规模经济和差异化的优势，鼓励中国企业走出去、走上去和走进去。

这种"双循环"的新发展格局，显然不是不要国外市场，更不是封闭起来搞自我经济循环，而是要让国内市场在资源配置和经济成长中起决定性作用，改变中国参与国际产业竞争的形式、方式和途径，不仅要以国内大市场体系循环代替"两头在外、大进大出"的单循环格局，而且要让国内市场与国际市场链接起来，以国内市场发展和壮大促进和带动国内企业参与国际市场循环。显然，这是跟客场经济全球化完全不同的发展战略。

推进在主场进行的经济全球化，其意义在于：其一，有助于促成将我国处于分割状态的"行政区经济"聚合为开放型区域经济，把区域分散狭窄的市场聚变为国内统一强大的规模市场；其二，从利用别人市场转变为利用自己市场，从根本上转变了我国经济全球化的发展模式和机制，在发挥比较优势的同时实现产业发展的自主可控要求；其三，国内强大市场的形成，有利于我国虹吸全球先进创新要素。如果我们可以据此塑造一些吸收全球先进生产要素的平台，如全球性宜居城市来广泛吸收先进的高技术人才，那将极大地推动创新经济格局形成，从而有利于实现产业链向中高端攀升和经济高质量发展。

可见，实施在新场地展开的经济全球化战略，其基本前提是假设国内形成了强大的内需或超级市场规模优势，且这个市场可以给全球的资源和要素提供更多的发展机会。未来我们新的战略资源观，也要由过去要素的性价比高的比较优势，转向现在的国内强大市场优势。未来国内强大市场甚至可能是我国的绝对优势，是国家产业安全的保障和竞争力的来源，必须在"十四五"国家战略规划中给予充分重视和利用。

从党的十八大、十八届三中全会到十九大报告，都提出要建设统一开放、竞争有序的市场体系，让内需规模名列世界前茅。

从市场的量方面看，我国现在内需接近100万亿人民币，其规模不能说小，但是内需的结构方面还存在着一些问题：一是内需中消费比重低、投资比例过大，如2019年最终消费占比为55.4%，同期资本形成占43.1%。与发达国家最终消费一般占70%、甚至80%以上相比差距很大；二是不仅人均GDP水平与人均可支配收入水平之间差距较大，后者水平较低，而且可支配收入分配结构严重失衡，大约有6亿人口处于人均月可支配收入在1000元左右的水平，这部分人口的消费水平相应也很低。

从市场的质方面看，我们还没有真正建成统一、竞争、有序、开放的市场体系，行政区经济、市场信用度不足、行政垄断以及对内开放不足等，是目前中国市场发育中迫切需要解决的重要问题，会给"双循环"的企业造成很高的交易成本，阻碍通过内需支撑形成全球产业链集群，这需要进一步坚持市场取向改革，尤其是要大力推进要素市场化改革。

《中共中央国务院关于构建更加完善的要素市场化配置体制机制的意见》提出，要重点突破要素市场的改革难题。要素市场改革是中国统一市场形成的难题，也是突破口和关键环节，从而成为实现中国经济全球化发展战略重大调整的基础。如果无法实现由客场市场利用向主场市场利用的转型，我们就仍然要把经济转型升级和进一步发展的希望寄托在西方国家和其市场上，这是根本无法实现的任务。因此建成统一、竞争、有序、开放的市场体系，成为形成以国内市场为主体、"双循环"新发展格局的前提和基础。

从长期大势、短期应对
把握中国新发展格局

○ 王一鸣
  国务院发展研究中心原副主任

◎ 发挥我国超大规模市场的潜力和优势，利用我国具有全球最
  完整、规模最大的工业体系，强大的生产能力，完善的配套
  能力，以及回旋空间大的特点，把发展的立足点更多放到国
  内，实施扩大内需战略。

◎ 完善宏观调控跨周期设计和调节，需要把握好当前经济周期
  和中长期发展衔接，为未来留下政策空间；实现稳增长和防
  风险长期均衡，要求把握好短期刺激政策与中长期防风险的
  平衡点，不为以后留下隐患。

◎ 坚持稳中求进工作总基调，更好统筹疫情防控和经济社会发
  展工作。确保宏观政策落地见效，持续扩大国内需求，守住
  保企业、稳就业的底线，提高产业链供应链稳定性和竞争力，
  更加注重依靠改革激发市场潜能。

2020 年 7 月 30 日，中共中央政治局召开会议，着眼于"十四五"时期和中长期发展大势，分析研究当前经济形势和面临的机遇挑战，提出加快形成以国内大循环为主体、国内国际双循环相互促进的新发展格局的战略部署，以及实现稳增长和防风险长期均衡的战略对策，并就做好下半年经济工作提出具体要求。这是从长期大势把握当前形势、兼顾短期应对和中长期发展的总体部署，具有十分重大的意义。

一、从长期大势把握当前形势，加快形成新发展格局

站在世界百年未有之大变局的重要关口，面对"十四五"时期内外环境的深刻变化，我们既要看到短期经济运行面临的风险挑战，更要看到很多问题是中长期的，必须做好较长时间应对外部环境变化的准备。唯有从长期大势把握当前形势，才能不为短期变化所左右，保持战略定力，增强机遇意识和风险意识，集中精力办好自己的事情。

从长期大势把握当前形势，要求我们用全面、辩证、长远的眼光看待当前的困难、风险、挑战，增强发展信心，巩固我国经济稳定转好的基本趋势。当前，全球疫情仍在扩散蔓延，疫情长尾特征更趋明显，主要经济体衰退程度超出预期，外部需求大幅萎缩，一些国家保护主义和单边主义盛

行，经济全球化遭遇逆流，加之美国对我国的战略围堵和打压，我国发展面临多年来少有的复杂局面。从国内看，统筹疫情防控和经济社会发展取得重大成果，疫情得到有效控制，复工复产有序推进，经济下滑态势在较短时间内得到扭转，2020年二季度经济增长明显好于预期，经济运行呈现稳定转好态势，在疫情防控和经济恢复上都走在世界前列。与此同时，经济恢复还不平衡，生产恢复快于需求，工业恢复快于服务业，投资恢复快于消费，大企业恢复快于中小企业，金融业与实体经济恢复不平衡，就业和中小企业仍面临较多困难，稳增长与防风险的平衡仍面临较大压力。

从中长期看，新一轮科技革命和产业变革风起云涌，加快重构全球创新版图。我国得益于改革开放以来科技创新能力的大幅提升，在一些领域实现"并跑""领跑"，跻身国际科技发展前沿更加具备条件。全球力量对比继续"东升西降"，我国拓展资源配置和发展空间的条件更为有利。更要看到，我国经济长期向好的基本面没有变，经济韧性强、潜力足、回旋空间大的基本特质没有变。从需求看，我国拥有包括4亿多中等收入群体在内的14亿人口所形成的超大规模市场优势，不断升级的商品需求和日益多元化的服务需求将持续释放，国内市场的总体规模将加速扩大，巨大的内需潜力将转化为经济持续发展的内生动力。

从供给看，我国拥有全球最完整、规模最大的产业体系和不断增强的科技创新能力，疫情催生数字经济异军突起，产业数字化、智能化水平加快提高，必将在满足消费结构升级中增强产业的市场竞争力，提升供给体系质量和效率。

从长期大势把握当前形势，要求我们牢牢把握扩大内需这一战略基点，加快形成以国内大循环为主体、国内国际双循环相互促进的新发展格局。改革开放后，我国利用劳动力低成本优势，积极参与国际分工与国际经济大循环，市场和资源"两头在外、大进大出"，通过产业不断升级提高在全球价值链中的位置，逐步成长为"世界工厂"。在外部环境发生深刻复杂变化，世界经济持续低迷、全球市场萎缩、保护主义上升的背景下，从被动参与国际经济大循环转向主动推动国内国际双循环，加快形成以国内大循环为主体、国内国际双循环相互促进的新发展格局，是在一个更加不稳定不确定的世界中谋求我国发展的大战略，是适应内外环境变化的重大战略调整。

以国内大循环为主体，就是要发挥我国超大规模市场的潜力和优势，利用我国具有全球最完整、规模最大的工业体系，强大的生产能力，完善的配套能力，以及回旋空间大的特点，把发展的立足点更多放到国内，实施扩大内需战略，通过畅通国内大循环，推动形成国内国际双循环，更好联通国内市场和国际市场，更好利用国际国内两个市场、两种资源，培育新形势下我国参与国际合作和竞争新优势，为我国经济发展增添新动力。

加快形成以国内大循环为主体、国内国际双循环相互促进的新发展格局，关键是要将我国市场规模和生产体系优势，转化为参与国际合作和竞争的新优势。这就要求发挥超大规模市场优势，加快收入分配制度改革，挖掘国内市场潜力，加快构建完整的内需体系；发挥巨量生产要素优势，深化要素市场化配置改革，打通生产、分配、流通、消费各个环节，提高国内大循环效率；发挥海量创新资源优势，深化科技体制改革，加强关键核心技术攻关，提升产业基础能力和产业链现代化水平，形成更多新的增长点、增长极，打造未来发展新优势；发挥对外贸易大国优势，发展高水平开放型经济，促进内外市场和规则对接，创造"你中有我、我中有你"供应链生态，形成国内循环与国际循环相互促进。

总之，新发展格局有利于我国需求结构升级和供给能力提升，推动供需在更高层次、更高水平上实现动态均衡，增强高质量发展的内生动力。

二、兼顾短期应对和中长期发展，
实现稳增长和防风险长期均衡

为应对疫情对经济的巨大冲击，我国全力做好"六稳"工作，全面落实"六保"任务，及时出台一揽子扩大内需、帮扶企业、稳定就业的逆周期调节政策，增加1万亿元财政赤字规模，发行1万亿元抗疫特别国债，新增1.6万亿元地方政府专项债券，引导广义货币供应量和社会融资规模增速明显高于去年，并推动金融系统向企业合理让利1.5万亿元，这对稳定经济基本盘形成强大支撑。但也要看到，财政政策和货币政策的逆周期调节往往面临短期政策刺激和中长期效应的两难选择，政策实施不仅要看短期效果，更要关注中长期政策效应。这就要求完善宏观调控跨周期设计和调节，实现稳增长和防风险长期均衡。

完善宏观调控跨周期设计和调节，需要把握好当前经济周期和中长期发展衔接，为未来留下政策空间。针对当前经济形势复杂严峻和不稳定性不确定性较大的背景，加大逆周期调节的政策力度是必要的，但同时要区分疫情冲击带来的短期问题和中长期的结构性问题。宏观政策逆周期调节既要针对疫情冲击带来的短期问题，也要考虑为解决中长期结构性问题留有余地，这就要建立疫情防控和经济社会发展的中长期协调机制，统筹兼顾短期逆周期调节与中长期发展，为应对未来外部环境的不确定性留足政策空间。

与此同时，疫情对企业和家庭等会产生长期影响，微观主体的行为模式和需求结构调整，有可能带来不同以往的长期结构性变化，也要求逆周期调节适应中长期结构性变化，降低短期政策的中后期负面效应，增强经济恢复和增长的可持续性。

实现稳增长和防风险长期均衡，要求把握好短期刺激政策与中长期防风险的平衡点，不为以后留下隐患。风险暴露往往具有滞后性。新增信贷和社会融资规模的大幅提升，会推动宏观杠杆率上升较快，造成风险积累并增大中后期的风险释放压力。大量新增流动性也可能流入房市、股市，刺激资产价格上升，并可能扩大收入差距。从当前看，疫情对实体经济的冲击并没有对金融领域造成太大影响，金融业产值和利润保持合理增长，但我们在制定政策时要未雨绸缪，增强底线思维，为后期的风险释放预留空间。随着经济逐步回升转好，宏观政策要把握好节奏和力度，财政政策要更加注重实效，注重资金使用的质量和效益；货币政策要更加精准导向，保持货币供应量和社会融资规模合理增长，努力实现稳增长和防风险的长期均衡。

三、更好统筹疫情防控和经济社会发展，
巩固经济回升转好势头

做好下半年经济工作，要坚持稳中求进工作总基调，更好统筹疫情防控和经济社会发展工作，守住"保"的底线，拓展"稳"的局面，巩固经济回升转好势头。

确保宏观政策落地见效。确保已出台的减税降费、减租降息和融资支持等政策落到实处，增强市场主体的获得感。财政政策要更加积极有为、注重实效，通过建立特殊转移支付机制，资金直达市县基层等手段，为保就业、保基本民生、保市场主体等提供资金支持。充分发挥财政资金拉动投资、扩大内需的作用，保障重大项目建设资金，优化新增专项债券资金投向，进一步提高资金使用效率。通过政府投入引导社会资本扩大投资，在新基建、老旧小区改造等领域鼓励民间资本参与，释放投资潜能。货币政策要更加灵活适度、精准导向，根据国内外形势变化，保持货币供应量和社会融资规模合理增长，满足实体经济需要。优化信贷投放结构，重点支持制造业和中小微企业。创新直达实体经济的货币政策工具，引导融资成本进一步降低，增加中小微企业融资可获

得性。深化金融科技应用，大力发展数字普惠金融，提高为中小微企业服务的能力和效率。与此同时，要加强财政、货币等宏观政策的协调配合，形成集成效应。

持续扩大国内需求。扩大内需既是有效应对疫情冲击、实现经济回升转好的战略举措，也是我国中长期发展的战略基点。当前，居民部门与企业部门的储蓄水平都有提升，如何引导居民扩大消费，引导企业扩大投资，特别是扩大民营企业和制造业投资，应是扩大内需的重点。通过扩大失业保险和低保保障范围，加大对低收入家庭的补贴和消费刺激措施，提高居民消费意愿，并加快餐饮、商场、文旅等生活服务业复业复市，推动消费回升。通过政府投入引导社会资本扩大投资，恢复市场主体的投资信心，鼓励社会资本参与新型基础设施建设和新型城镇化建设，积极扩大有效投资。

守住保企业、稳就业的底线。保企业，就是保社会生产力，为中长期发展积蓄力量。保企业重点是保中小微企业，确保已出台的减税降费政策、降低工商电价政策、减免房租政策足额落地，运用直达实体经济的货币政策工具，降低中小微企业融资成本，帮扶中小微企业渡过难关。保企业根本在于深化改革，打造市场化法治化国际化营商环境，依法平等保护各种所有制企业产权和自主经营权，完善各类市场主体公平竞争的法治环境，激发市场主体活力。保住了企业，稳就业就有更大空间。要做好应届大学生、农民工和困难群体等重点人群的就业帮扶，通过直达基层的财政政策工具，创造更多的就业机会，特别是要稳定城镇常住农民工就业，支持返乡农民工就地就近就业。

提高产业链供应链稳定性和竞争力。受疫情影响，全球产业链供应链加快调整，区域化近岸化特征更趋明显，提高产业链供应链稳定性和竞争力更为紧迫。要优化营商环境，提升产业链根植性，实施好《中华人民共和国外商投资法》及配套法规，进一步放宽外资的准入限制，更好保护外资合法权益，营造一流营商环境，增大对外商投资的吸引力。下决心推动短板产品国产替代，拓展国内供应商，培育可替代的供应链。推进制造业数字化智能化升级，加快运用人工智能、大数据、物联网等技术改造传统生产工艺，提升制造业创新力和国际竞争力。以强大国内市场为支撑，创造"你中有我、我中有你"的供应链形态，提高供应链的安全性与可控性。

在补短板的同时，还要注重锻长板。疫情催生了以数字技术为基础的新产业生态，应顺势而为，发挥我国数字经济领域的先行优势，占领数字经济国际竞争制高点。这不仅将创造大量投资机会，有效扩大国内需求，还将推动技术创新和产业变革，形成更多新的增长点和增长极，拓展生产可能性边界，为经济发展培育新优势、注入新动能。

更加注重依靠改革激发市场潜能。越是面对困难挑战，越要深化改革开放，发挥好改革的突破和先导作用，依靠改革应对变局、开拓新局。充分利用疫情倒逼改革的"机会窗口"，推动一些重要领域和关键环节改革，解决深层次结构性体制性问题。

深化供给侧结构性改革，加快落后过剩产能和"僵尸企业"出清，使沉淀的生产要素配置到效率更高的领域。健全以公平为原则的产权保护制度，营造依法平等保护民营经济产权的市场环境，激发民营企业的投资热情。强化竞争政策基础地位，建立健全竞争政策实施机制。推行国内市场准入负面清单制度，按照"非禁即入"原则和"全国一张清单"管理模式，促进各类市场主体依法平等进入清单以外的领域，公开公平公正参与竞争。深化要素市场化配置改革，加快出台农村集体经营性建设用地入市指导意见，深化农村宅基地"三权分置"改革，建立城镇基本公共服务与常住人口挂钩机制，推动股票发行注册制改革，深化职务科技成果产权激励制度改革，加快培育技术和数据要素市场。通过深化改革消除资源配置扭曲，提高资源配置效率，释放经济增长潜力，增强发展内生动力。

产业链供应链稳定中的
长板与短板

○ 董小君

中共中央党校（国家行政学院）经济学教研部副主任

◎ 中国要稳定产业链供应链，必须有全球视野，以更开放的心态与全球产业链供应链对接，在国际分工新体系中谋划并确立中国特色的竞争优势。

◎ 我国需要从两个方面进行升级：或是沿价值链两端升级，或是给传统制造业赋能，在价值链中间环节"就地"转型升级。

◎ 现阶段，要充分利用京津冀、长三角、粤港澳大湾区及其他大城市群等优势地理空间，充分发挥产业链的横向集群效应。

◎ 面对全球价值链在一段时间里存在的本土化趋势，我们要积极发声，缓和对全球产业链供应链安全性的不安情绪，强调全球化的重要性和内在价值，同时，要顺应全球趋势，积极参与全球价值链重构，确保本国供应体系完备性，在产业安全前提下寻求价值链增值，努力形成更深层次逻辑合理的产业链供应链体系。

"要提高产业链供应链稳定性和竞争力，更加注重补短板和锻长板"，是 2020 年 7 月 30 日召开的中央政治局会议所明确提出的。在这次疫情中，我国产业链供应链受到两轮冲击：第一轮是国内疫情暴发，各地封城封区，全国停工停业；第二轮是国内刚刚迎来复工复产，国际疫情加速蔓延，企业出口订单或取消或延迟，产业链供应链再次受到冲击。当前，更加注重补短板和锻长板，多措并举稳定我国产业链供应链，对推动经济增长和国家产业安全至关重要。

一、中间品贸易特征：决定了产业链供应链稳定要有全球视野

20 世纪 90 年代以来，以生产工序空间分离为特征的垂直专业化，推动了全球价值链分工模式的兴起。国际分工从产业分工到产品分工进而走向要素分工，实现了经济全球化下"市场一体化"与"生产分散化"的统一。以要素分工为表征的国际分工新格局，意味着资本、资源、技术、劳务等生产要素可以在世界范围内大规模流动并进行优化配置，而中间品贸易则是各国生产要素分工合作的直接载体。由于中间品穿越国境的次数增多，全球生产链在拉长。这一趋势在全球分工程度最高的制造业体现得尤为明显。随着生产要素

在全球范围内的自由流动大大增强，各国各地区经济的发展与外部宏观经济之间的联动性不断深化，相互依赖的程度因此而日益加深。生产不再是个别企业的孤立行为，而是在国际生产体系基础上进行。"无国界生产"体系逐步形成，促成了全球贸易模式由货物贸易向任务贸易的转变。中间产品沿着价值链反复跨越国界流动，中间品贸易占全球贸易的比重越来越高。基于 OECD BTDIxE 双边贸易数据的测算，在全球制造业进出口中，中间品占 80% 左右，资本品和消费品则处于 20% 左右。我国加工贸易中也包含了大量中间品贸易，在其他贸易方式中，中间品也占据了相当大的比例。

产业链供应链是连接世界经济的血管。这次疫情全球蔓延，以中间品贸易为主要特征的全球价值链体系正遭受近 40 年以来最严重的冲击。随着人员交流受限、国际运输物流不畅，中间品贸易呈迅速下降态势，更为严重的是，原材料和零部件严重短缺，产品库存面临枯竭风险。其传导机制表现为疫情暴发所引发的最终需求的严重缩减迫使相关企业作出存货调整，随后通过全球价值链冲击迅速传导至整个上下游环节，且产生"放大效应"。在全球价值链分工体系下，中国是世界的一部分，很多产品需要在相互协调与合作的企业组织框架内实现。中国要稳定产业链供应链，必须有全球视野，以更开放的心态与全球产业链供应链对接，在国际分工新体系中谋划并确立中国特色的竞争优势。

二、价值网络结构：决定了稳定产业链供应链需要系统推进

按照功能，一个完整的全球分工与协作由价值链、产业链和供应链三个部分构成。价值链活动，是指通过上下游企业价值创造，不断改变产品的性状，赋予其功能属性，满足客户需求。供应链活动，是指商品的物理空间转移，包括原材料、中间产品和商品在供应商、制造商、销售商、消费者之间的转移和交接过程，物流成本以及流畅程度决定了供应链成本。产业链活动，是指不同产业上下游通过信息传递、知识共享在价格、产量、策略等方面实现纵向协同。

分工深化的程度差异全面反映在价值链、供应链、产业链的价值网络的结构差异上。价值链、供应链、产业链不同类型的活动交织在一起，形成价值网络的良性循环。如果说价值链是从利润层面考虑，即企业处于价值链什么位置，决定其利润空间大小；供应链则主要从物流成本考虑企业之间的连接；产业链则是从宏观管理角度对不同地区、不同产业和行业之间进行有序安排。

全球分工与协作的价值网络结构，决定了我国在稳定产业链供应链时，要有系统性思维方式：在价值链方面，多途探寻升级之路。在传统分工格局下，发达国家处于价值链的高端，控制整个价值网络的演进方向，发展中国家处于价值链的低端，从事的是标准化的生产环节。我国需要从两个方面进行升级：或是沿价值链两端升级，或是给传统制造业赋能，在价值链中间环节"就地"转型升级。在供应链方面，

打造中国的国际物流巨头，保证正常商品贸易通道畅通，确保作为供应链血脉的国际航空、陆运、海运大体畅通。在产业链方面，各地政府要鼓励当地企业，破除以往市场竞争中形成的品系和资本壁垒，在力所能及范围内相互"融通库存"，尤其是要融通本地其他企业急需的中间产品，尽最大能力弥补产业链缺口。

三、产业链集群：产业链供应链稳定的"经济马赛克"

产业链集群可以被定义为众多企业在某一地理区域上的集中现象和过程。日本学者详细总结了亚洲和非洲 19 个产业集群的发展过程，归纳出产业集群的演化规律，即产业集群分为两阶段，斯密式增长阶段（数量扩张）和熊彼特式增长阶段（质量提升）；从数量扩张阶段到质量提升阶段的转变，就是产业集群的升级。根据波特的国家竞争优势理论，产业集群形成后，可以通过降低成本、提高效率、刺激创新等多种方式，提升产业聚集区的竞争能力，这种竞争力远高于非集群地区。

产业链集群不仅能更高效地整合资源，降低交通运输成本，而且产业链集群内上下游企业集聚于邻近的地理空间，可以降低供应商的违约风险。在经济全球化和本土化共同作用下，产业链聚集某一地区形成"经济马赛克"，具有较强的抗风险能力。我国苏州、重庆等地的电子制造产业，在此次新冠肺炎疫情期间订单不降反增，这是因为其产业链上 80% 的零部件都能够在本地生产供应。相比之下，那些"散兵游勇"式的中小微企业受冲击最大。

因此，为了实现产业链供应链的稳定，一方面，推动产业集群纵向延伸，即从产业上游的研发机构、原材料和零部件及配套服务的供应商，至产业中游的加工、制作、组装等制造商，并向下游延伸到产品或服务的营销网络，不同价值创造环节都聚集于某一地理空间内。通过拓展上下游企业，延伸境内产业链长度。这种地理空间的优势，促使企业间专业化分工和协作机制更为稳定。较著名的产业集群有美国硅谷、波士顿128号公路，我国台湾的新竹科学园区、浙江的"义乌商圈"，都充分发挥了产业链的纵向集群效应。另一方面，推动产业集群横向延伸，即将那些产业链上某一链环，从事同一价值创造活动的同行企业，聚集于某一地理空间，形成规模效应。现阶段，要充分利用京津冀、长三角、粤港澳大湾区及其他大城市群等优势地理空间，充分发挥产业链的横向集群效应。

四、本国供应体系完备：保证产业链供应链稳定的国家安全网

疫情不只改变着微观企业的命运，也在重构产业链供应链的秩序。从近期看，目前各国实施封锁措施，疫情已在不同程度上打破了全球供应链的纽带。从长远看，值得关注的是，人们对全球化产业链的认识产生了根本性的变化：认识到全球供应链极易受到破坏，从产业安全考虑，也不能过度全球化。这也许是这次疫情对世界经济体系的根本冲击。疫

情正在破坏全球制造业的基本原则，一些公司正考虑缩小多步骤、多国家供应链。

近年来，由于经济全球化向经济地区化转变，所谓的"地产地销"现象已经发生。疫情期间，各国政府都强烈意识到产业配套对国家经济安全的重要性，美欧呼吁一系列重要的制造业环节回归本土，日本经济刺激计划中也出现类似的"改革供应链"资助项目。疫情过后，各国政府会强调扩大内需，鼓励消费者"消费更多自己生产的产品"。这种趋势对作为"世界工厂"的中国会产生一定的影响。面对全球价值链在一段时间里存在的本土化趋势，我们一边要向全世界发出积极声音，缓和对全球产业链供应链安全性的不安情绪，强调全球化的重要性和内在的价值，同时，要顺应全球趋势，积极参与全球价值链重构，确保本国供应体系的完备性，在产业安全前提下寻求价值链增值，努力形成更深层次逻辑合理的产业链供应链体系。

"双循环"新发展格局下
苏州怎么办？

○ 新　望

中制智库研究院院长

◎ 在中美贸易摩擦和全球新冠肺炎疫情的双重影响下，作为中美贸易摩擦的主战场之一、外贸依存度高达 113.9% 的苏州，正在经历着前所未有的考验。中央已提出要逐步形成"双循环"的新发展格局，苏州再一次面临历史选择的关键时刻。

◎ 作为世界第一工业城市，苏州面临以下新难题：近年产业升级迟缓、内部经济一体化较差。外贸依存度过高，苏州的产业依托于全球产业链，但在全球产业链当中的位置并不高，有些产业缺少龙头企业、缺少核心技术，产品附加值不高。苏州还缺少本地品牌，缺少整合性强的终端产品，缺少"航母作战群"之类的集群企业。

◎ 对苏州应对"双循环"新格局有以下建议：第一，要着眼于未来产业的补链、强链。第二，深度融入长三角，方能做强对内开放。第三，提高内循环的贡献度。第四，加大创新和自有品牌的建设，服务内循环。第五，发挥市场在资源配置中的决定性作用。

在中美贸易摩擦和全球新冠肺炎疫情的双重影响下，作为中美贸易摩擦的主战场之一、外贸依存度高达113.9%的苏州，正在经历着前所未有的考验。美日要求本国在中企业回归本土，也令"外资纷纷撤离"的声音不断从苏州传出。

不过，苏州的官方数据显示，2020年上半年，苏州累计实际使用外资3000万美元以上的大项目有64个，合计超52.7亿美元，占总额比重67.4%；新增总投资超5000万美元项目（含增资）102个，注册外资81.6亿美元，占苏州全市引资增量的82.8%。

在对上半年利用外资的总结中，苏州用了"逆势增长、量质齐升，连创历史新高"来形容。从数据看，苏州似乎并未在2020年复杂的环境中失去竞争力。但中央已提出要逐步形成"以国内大循环为主体、国内国际双循环相互促进的新发展格局"。毫无疑问，苏州再一次面临历史选择的关键时刻。

一、从国际大循环到国内大循环

长期以来，对于中国经济和社会的发展方向，中央使用了"发展新理念""发展新阶段""发展新动能"等概念，而今，提出构建"以国内大循环为主体、国内国际双循环相互促进的新发展格局"，这是中国近40年来的一大变化。

改革开放之初，受亚洲"四小龙"利用外资和外国技术加快经济发展的影响，中央决定在广东的深圳、珠海、汕头和福建的厦门，划出一部分区域试办出口特区，给地方更多的自主权，吸引外资，还特别强调要重点把深圳的出口特区办好。

1987年10月，时任国家计委经济研究所副研究员的王建（现为中国宏观经济学会秘书长），向中央提出了"关于国际大循环经济发展战略的构想"。可以说，"国际大循环"是对当时流行的"两头在外，大进大出"的加工出口战略的形象概括。

此时的苏州，正处于开放型经济的起步发展阶段，并逐渐成长为中国外向型经济的一匹"黑马"。此后，苏州一路狂奔，到2020年上半年，其工业产值已超过上海，成为世界第一工业城市，并成为中国制造业参与"国际大循环"的一个缩影和模板。

除了苏州，"国际大循环"战略也让中国成为全球化的最大受益者，使得中国迅速融入了全球产业链当中，并成为名副其实的"世界工厂"，且有力推动了中国经济的增长。但是，随着"国际大循环"战略的成功，对其进行调整的必要性也日益显露出来。

其实，早在2006年初发布的"十一五"规划中，中央就已经明确提出，应"立足扩大国内需求推动发展，把扩大国内需求特别是消费需求作为基本立足点，促使经济增长由主要依靠投资和出口拉动向消费与投资、内需与外需协调拉动转变"。

很可惜，这一决策并未得到坚决而全面的落实，直到2020年5月，"国内大循环"概念的首次提出。这一概念的出现以及"双循环"新发展格局的构建，背后有两大主因——

一是中美贸易摩擦。从2008年全球金融危机开始，欧美等西方国家对全球化战略进行调整，逆全球化潮出现。而美国的"去中国化"加速，甚至扬言中美全面脱钩，除了对中国高科技罗列精准封锁的"卡脖子"实体清单，还对华为等中国企业进行围猎。

二是全球性的新冠肺炎疫情。疫情促使各国产业链重构，并从考虑效率转向考虑安全性；同时，疫情引发的经济大衰退导致了外需的疲软，大国都是靠内需驱动的，中国也需要由一个潜在的消费大国成为一个事实上的消费大国。

本质上而言，实现从"国际大循环"到"国内国际双循环"的转变，就是要使中国经济拥有一个相对完整独立的产业结构，在保证粮食和能源安全的基础上把中国建成一个制造业强国。而苏州、宁波、佛山等制造业强市则需要承担起先锋使命。

二、世界第一工业城市的新难题

苏州作为中国经济实力最强的地级市，市域常住人口已过千万，位居全国综合实力十强、长三角城市群综合实力第二、江苏城市综合实力第一，且近年经济发展也可圈可点，2020年上半年工业产值超过上海，成为世界第一工业城市。

但值得警惕的是，与国内东南沿海新型城市尤其是深圳比较，苏州经济地位有持续下降的趋势。

苏州与深圳 GDP 的差距由 2010 年的 407 亿元，扩大到 2019 年 7691 亿元，占到了 2019 年江苏与广东 GDP 差距的 95.6%；换句话讲，江苏与广东 GDP 差距的扩大是苏州与深圳 GDP 差距扩大所致，2019 年苏州与深圳 GDP 的差距几乎等同于江苏与广东 GDP 的差距。

苏州经济地位下降还表现为其近年在江苏省的经济地位持续下降。2010 年苏州占江苏 GDP 比重为 22.3%，到了 2019 年则整整下降了 3 个百分点；与之相比，深圳 2010 年占广东 GDP 比重为 21.5%，到 2019 年则上升了 3.5 个百分点。

苏州曾经在新一代信息技术产业发展方面走在全国前列，创造了"苏州辉煌"，"昆山之路""园区经验"等引领风骚十余年，乃至当今江苏、全国不少城市仍以苏州为榜样。近年，产业升级迟缓是苏州经济地位下降的重要原因之一。

另外，苏州的内部经济一体化较差也是导致苏州经济地位下降的因素。苏州并非传统意义上的城市，它更像一个比较松散的城市群，其下辖县市与主城区的经济一体化程度不高。当然，随着高铁和高速网络的改扩建，苏州正由分散状态向集聚化发展。

苏州以产业链"链接"全球，吸引了约 1.7 万家外资企业，累计实际使用外资位居全国大中城市第三。美国是苏州的主要出口目标国，苏州占中国对美出口的 1/8，占江苏省对美出口的 2/3。这让苏州在新冠肺炎疫情和中美经贸摩擦双重挑战下，压力较大。

苏州的外贸依存度过高也导致其产业升级缓慢。比如，苏州与深圳都以新一代信息技术产业为重点发展产业，但苏州的新一代信息技术产业以外来投资企业为主，深圳新一代信息技术产业以本土内生企业为主。在苏州的此类企业容易因成本上升而向外转移。

更为严重的是，作为出口导向型城市，苏州的产业依托于全球产业链，但在全球产业链当中的位置并不高，有些产业缺少龙头企业、缺少核心技术，产品附加值不高，未能形成本地化的紧密产业协作和配套链条。这导致其在全球供应链上的主导权与话语权较弱。

与佛山、宁波、青岛等其他制造业城市相比，苏州还缺少本地品牌，缺少整合性强的终端产品，缺少"航母作战群"之类的集群企业；由于苏州本土企业发育滞后，1995 年后苏州本土竟然罕有基于新一代信息技术的较大新兴企业诞生。

三、苏州如何应对"双循环"新格局

事实上，苏州参与"双循环"还是有其自身优势的：一是苏州的工业门类齐全，在中国排名靠前；二是苏州的制造业，虽然不是最高端，但基本上都是中高端，一旦国内大市场真正激活，苏州产品有优势；三是苏州历史上一向以精工制作、精工良品著称，利于给国内消费者提供高质量的产品；四是苏州制造以前都是以外贸为主，好东西都卖给了外国人，可以学当年日本或亚洲"四小龙"出口转内销，服务国内消费者。

当然，除了这些优势，我们对苏州应对"双循环"新格局有如下建议——

第一，苏州要着眼于未来产业的补链、强链。在以内循环为主的背景下，苏州需要围绕国家重大产业布局建链、补链。如加强数字经济、生物医药及健康产业、现代服务业尤其是生产性服务业三大领域。作为离生产最近的地方，生产性服务业是苏州发展最好的一个风口。

第二，苏州应深度融入长三角，方能做强对内开放。未来的"双循环"格局下，疏通"两横三纵"，加快长三角、粤港澳大湾区、京津冀、成渝双核等四个都市圈一体化发展，中国经济的内循环系统基本可以建立起来。

粤港澳大湾区有开放优势，长三角有制造业优势，京津冀有政策要素集聚优势，成渝有内陆腹地优势。长三角要素质量最高，城市形态结构层次性也比较合理。如何处理与长三角尤其是与上海的产业分工协作，是苏州未来发展的重要课题。

2020 年 8 月 20 日，习近平总书记在合肥主持召开扎实推进长三角一体化发展座谈会并发表重要讲话。他强调，要深刻认识长三角区域在国家经济社会发展中的地位和作用，推动长三角一体化发展不断取得成效。

长三角地区的人均 GDP 已超 2 万美元。作为制造业最核心的地带，传统制造业比较发达，有深厚的基础、很强的竞争力，而且在不断升级，已经出现了一系列先进制造业和新一代信息技术等产业集群，这些都是长三角参与"双循环"的优势所在。

而苏州在这样的一体化内完全可以在上海建设的国际经济、金融、贸易、航运、全球科创"五个中心"之外，建设制造业中心。尤其是在长三角打造跨区域世界级产业集群，提升全球价值链能级中，苏州要发挥其制造业优势，深度融入长三角的一体化过程之中。

再比如，苏州目前与青岛一样，也提出了要打造工业互联网城市的目标，但苏州互联网本身并不发达，可是放在整个长三角来说，可以接受杭州和上海的互联网辐射，从而在与其他城市竞争的时候获得优势。

第三，苏州需要提高内循环的贡献度。对外继续推进高层次开放，对内则要提升内循环的贡献度。要防止苏州的外资外商向东南亚转移，可以动员外资外商向中国内陆转移，内地的劳动力优势还在，而产业配套能力也远高于东南亚。同时，还必须调整外资内资国民待遇的区别性政策，要更重视中性竞争，对于引进苏州以外的内资要有更多政策和优惠，与外资同等待遇。

第四，苏州需要加大创新和自有品牌的建设，服务内循环。苏州目前的两大问题：一是自主创新有待加强，尤其是在与深圳比较的时候，苏州最大的劣势就是创新力不够。二是苏州的自主品牌是比较弱的。苏州与宁波、佛山等这几个制造业城市比较，共同点是传统制造业与外向型企业偏多，但苏州很大的问题是自主品牌较少。

第五，打通内循环的"硬钉子"是在资源配置中让市场起到决定性作用。衡量一个城市的发展水平可以用市场机制指数、政府作用指数、科技创新指数、生态资源指数、社会和谐指数、全球化程度指数、城市化程度指数等七个指数来评价。目前来看，苏州的政府作用指数、生态指数等还是可以的，但在市场机制指数和科技创新指数方面仍需提高。发挥市场在资源配置当中的决定性作用，把民间生产力解放出来，是苏州打通内循环的关键所在。

在全球变革中加速战略性新兴产业崛起

○ 魏际刚

国务院发展研究中心产业经济研究部研究员

◎ 如果我国能够以更快速度构筑新技术体系，弯道超车、跨越发展，就能打破一些国家对我国高科技的战略遏制与封锁，实现对发达国家的追赶目标，使中国成为全球科技高地。

◎ 当前我国战略性新兴产业发展面临的问题与挑战：关键、核心技术储备不足，尖端技术、核心部件制造与美欧日差距较大；核心技术和工艺受制于人，关键材料、核心零部件、基础软件等依赖进口，核心技术层面多个领域存在"卡脖子"风险。

◎ 加速做大做强战略性新兴产业，要遵循这类产业的发展规律，增强基础能力与创新能力，做好要素支撑，推动与传统产业良性互动，构建安全高效的供应链体系，提升国际资源配置能力。

战略性新兴产业是引领国家未来发展的重要力量，是主要经济体国际竞争的焦点。习近平总书记指出，加快推进数字经济、智能制造、生命健康、新材料等战略性新兴产业，形成更多新的增长点、增长极。加速发展战略性新兴产业，不仅是促进我国经济增长与可持续发展的关键举措，更是建设现代化强国、应对全球变革与挑战的重大战略抉择。

一、加速发展战略性新兴产业意义重大

近现代史表明：全球每一次科技突破均会催生大量新兴产业，形成新的经济增长点。一个国家能在新一轮竞争中胜出，多是因为充分挖掘和发挥了新兴技术的作用，培育和发展了战略性新兴产业。在新的历史时期，加速发展战略性新兴产业，具有特别重要的意义。

加速发展战略性新兴产业不仅是顺应世界技术大潮、应对新一轮竞争的必然选择，也是构建国际竞争新优势、掌握发展主动权的迫切需要。今后一段时期，国际形势充满变数，世界格局将重大调整，国际竞争更趋激烈。只有加速做大做强战略性新兴产业，增强自主创新与自我发展能力，才是应对全球变局的根本之策。特别是，战略性新兴产业所需大量新技术尚处于初期阶段，科技知识大都处于实验室阶段，许

多领域"几乎处于同一起跑线上"。如果我国能够以更快速度构筑新技术体系、弯道超车、跨越发展，就能打破一些国家对我国高科技的战略遏制与封锁，实现对发达国家的追赶目标，使中国成为全球科技高地。

加速发展战略性新兴产业是拉动经济增长、扩大就业、改善民生的重要引擎。我国人口众多，工业化、城镇化仍需深入推进，经济发展、改善民生、保护环境等诸多任务十分艰巨。战略性新兴产业具有科技含量高、带动性强、市场前景好、发展潜力大的特点，能够形成强大的投资效应、规模效应、产业链带动效应、产业集群效应，具有激发和引领消费的作用，对于扩大内需、增强内生增长动力、创造新就业岗位有重要作用。

加速发展战略性新兴产业是推进产业升级、加快经济发展方式转变的重大举措。战略性新兴产业渗透性、融合性强，通过与传统产业交叉、渗透、融合等，能够推动传统产业升级，促进先进技术产业化、提升产业层次，更加合理地利用资源建设现代化产业体系，也大大增强全社会可持续发展能力。

二、战略性新兴产业发展成效显著，也存在不少问题与挑战

经过加快培育与发展，目前我国战略性新兴产业发展总体势头强劲，规模不断壮大，创新能力和竞争实力不断提升，产业结构不断优化，已进入快速化、规模化发展阶段。

新一代信息技术和生物产业保持了快速增长，成为国民

经济支柱产业。一大批新兴数字行业快速兴起，互联网、移动互联网、大数据、物联网、云计算、人工智能、机器人等发展尤其显著。5G进入大规模商用阶段。生物医药和生物育种技术成熟度高，许多品种已经规模化生产。在产业升级需求和技术创新的引领下，高端装备制造业平稳较快增长。航空装备、卫星及其应用、智能制造等水平不断提升。新能源产业快速增长，在装机量不断攀升的同时，产业化技术水平逐渐提高。新能源汽车由示范阶段进入快速普及阶段。随着上游原材料需求的快速增长，新材料产业实现较快发展。伴随着节能环保政策的推进落实，绿色低碳产业实现快速增长。

我国部分领域具有国际竞争力。新能源发电装机量、新能源汽车产销量、智能手机产量、工业机器人产量、海洋工程装备接单量等均位居全球第一。在新一代移动通信、核电、光伏、高铁、互联网应用、基因测序、纳米技术等领域也具备世界领先的研发水平和应用能力。海洋资源利用中的海水提碱居于世界领先地位，海水淡化综合利用跟国际是同一水平。部分军工材料、超大规模集成电路关键配套材料、大截面预拉伸铝合金、钛锆合金、钽铌钚合金、磁致深缩材料、高性能纤维等生产技术已达到国际先进水平。领军企业具有国际影响力，形成了一批具有较强国际竞争优势的企业。一些创新引领型巨头企业入围世界500强，在5G、电子商务、平台经济、高铁等领域具有国际竞争力。独角兽企业数位于世界前列。

但要看到，战略性新兴产业发展仍然面临不少问题与挑战。关键、核心技术储备不足，尖端技术、核心部件制造与美欧日差距较大。核心技术和工艺受制于人，关键材料、核心零部件、基础软件等依赖进口，核心技术层面多个领域存在"卡脖子"风险。随着产业、消费升级步伐加快，国际竞争加剧，部分问题会凸显，需要着力予以解决。

三、以强国目标为统领，直面全球变局，加速战略性新兴产业发展

我国要建成社会主义现代化强国，必须能够经受住所有主要领域的全球竞争，特别是代表高科技能力的战略性新兴产业竞争。要紧紧把握住新一轮科技革命与产业变革的大势，主动应对科技引领的尖端竞争，未雨绸缪、早做谋划、深入研判、密切跟踪、凝聚力量、攻坚克难，加速做大做强战略性新兴产业，使其朝着满足人类文明进程、国家战略需要、市场需求、可持续发展和高技术化方向升级。

遵循战略性新兴产业发展规律。战略性新兴产业市场潜力巨大，但面临较大的市场、技术和投资风险。相对于成熟的传统产业，技术路线具有不确定性，适合产业发展和产品应用的社会经济环境和基础设施并不完善，对人才、数据等要素需求旺盛。必须全面把握战略性新兴产业的上述特点，根据国家战略部署，结合行业实际，制定既切实可行又富有远见的战略和规划。

增强战略性新兴产业的基础能力与创新能力。围绕有战略意义的关键产业、技术、工艺、部件、材料等，加强基础研究、

应用研究、创新设计，促进科技成果转化。着力弥补发展中的短板、消除产业发展的瓶颈。重点补齐涉及核心、关键、共性的基础部件、基础工艺、基础材料、基础软件、基础研究和产业技术基础等方面的短板。加强战略性资源保障，推进重大基础设施建设。加快形成以优势企业为主体的"政、产、学、研、用"相结合的具有中国特色的产业创新体系。充分发挥举国体制优势，全面加强核心技术攻关，加快关键零部件、核心技术的可替代性研究步伐。突破关键瓶颈，夯实发展基础，提升产业高端共性技术自主供给能力和国家创新能力。在重大关键技术、战略性技术、前沿技术、下一代技术的原始创新和集成创新、产业共性高端技术供给等方面实现重大突破。加大对知识产权保护的立法和管理监督制度，切实保护创新者的利益，从而更好地激励创新和促进新兴产业发展。

做好对战略性新兴产业的要素支撑。战略性新兴产业发展离不开相关要素支撑。这些要素主要包括符合时代技能要求与知识结构的丰富人力资源；先进适宜的装备技术；强大、智能、绿色的物理基础设施、数字化基础设施与创新基础设施；规模适度的多层次多渠道资本体系；富有效率的经济组织、科研组织；精准、灵活的政策；良好的体制机制。例如加强以运用新科技、满足新需求、促进新消费、创造新模式、形成新动能为特点的新型基础设施建设，增强新型基础设施服务战略性新兴产业的支撑保障能力。

推动战略性新兴产业与传统产业良性互动。传统产业是国民经济的主体，体系庞大，转型升级任务艰巨，需要通过与战略性新兴产业融合来实现其改造提升，这也相应地为战略性新兴产业发展提供了巨大的市场需求。要全面推动传统产业与信息通信技术的深度融合，不断提高行业信息化数字化智能化水平。根据行业发展实际，有针对性地分类分步骤推动信息通信技术与产业链供应链各环节的融合，推动数字化智能化技术与研发、设计、生产、流通、消费、金融等深度融合。利用中国超大规模市场优势，加快推进智能制造、智能交通、智能物流、金融科技、线上消费、智能终端服务等发展。加快推进重点领域产业互联网发展。

构建安全高效的战略性新兴产业供应链体系。推动企业树立"需求导向、共赢共享、价值创造、联动发展"理念，构建上下游协同发展机制。推进商流、物流、资金流、信息流"四流优化"，推动上下游、大中小企业协同发展。充分发挥龙头企业在供应链体系中的主导作用，带动配套企业发展。通过完善大中小企业的共生模式，形成良好的产业生态环境，实现上下游和大中小企业的协同发展。从优化全球供应链、保障国际供应链安全角度，积极推进各产业构建以本土龙头企业为核心，上下游相关企业共同协作、良性互动的高效供应体系。对于进口来源单一的产品与技术，加强进口替代步伐，做好备链计划。

提升战略性新兴产业国际资源配置能力。推动优势企业提升全球资源配置能力，使优势企业在更大范围、更广领域和更高层次上参与国际资源配置。从全球供应链视角，审视战略性新兴产业发展中的问题，整合全球的资源、资本、人才和创新能力。支持有条件的优势企业实施"走出去"战略，开展对外投资和合作，开展技术合作或并购境外知名企业、研发机构、营销网络和品牌，构建世界性的研发、生产和经营体系，打造具有自主知识产权的国际知名品牌，充分利用国内外"两种资源、两个市场"来加速产业迭代升级步伐。

第三篇 新形势下 内需战略

　　我国超大规模市场是联通国内国际市场、推动形成新发展格局的关键优势。要建设强大的国内市场，要将这个优势发挥出来，就要着力扩大内需。中国作为一个大国，作为世界第二大经济体、第一大工业国和货物贸易国，经济的长期发展特别要强化扩大内需的拉动能力。当前，随着我国发展进入新的阶段以及外部环境的变化，我国经济发展下一步需要紧紧围绕扩大内需这一战略基点展开。无论是从可持续发展来看，从大国发展优势来看，还是从实现经济高质量发展的中长期目标来看，实施扩大内需战略都是必然选择和关键举措。

深入理解
"实施扩大内需战略"

○ 王东京

中共中央党校（国家行政学院）原副校长（副院长）

◎ 从供给侧扩内需的三大原则：用消费需求带动投资需求；用下游投资带动上游投资；用进口带动出口。

◎ 提振消费的三点政策建议：优先稳就业；要有消费信贷的配合，但杠杆率要控制适度；财政支出重点保基本民生和基层工资。

◎ 扩大投资的三种方法：加税、发债、减税。从稳就业与投资效果衡量，加税不如发债，发债不如减税。就全面减税与结构性减税来说，结构性减税兼顾扩投资与调结构，一石二鸟，可成为我国未来稳增长的主要选择。

中央近日多次强调，在常态化疫情防控前提下，要扎实做好"六稳"工作，全面落实"六保"任务，坚定实施扩大内需战略。2020年的《政府工作报告》对扩大内需又作了具体部署。目前有一种观点认为，中央提出实施扩大内需战略，表明政府宏观调控重点已从供给侧转到了需求侧。这种看法其实是一种误解。供给侧结构性改革与扩大内需并不矛盾，不能将两者对立起来。

一、扩大内需应坚持重点从供给侧发力

一个国家经济要稳增长，总供求必须保持平衡，这是常识。问题是总供求如何平衡？200多年来经济学家一直对此有争议。19世纪初，萨伊提出了"供给创造需求"原理，说市场经济不会有普遍生产过剩，供求平衡的重点在"供给侧"。然而不幸的是，20世纪30年代西方出现经济大萧条，生产普遍过剩，失业率平均达25%以上。在严酷的现实面前，萨伊定律不攻自破。

也是时势造英雄。1936年，凯恩斯出版了《就业、利息和货币通论》，并由此掀起了一场所谓的"凯恩斯革命"。其中有三个重要观点：总供给与总需求不能自动平衡；普遍失业是由社会有效需求不足引起；扩大就业需国家用扩张财

政政策重点刺激投资。显然，凯恩斯供求平衡的重点，从萨伊的"供给侧"转到了"需求侧"。

客观地讲，《就业、利息和货币通论》为应对大萧条曾起过一定积极作用，而且一度被奉为西方国家的"国策"。可惜好景不长，到20世纪70年代，西方国家纷纷陷入了"滞胀"。墙倒众人推，以弗里德曼为代表的货币学派宣称：要对"凯恩斯革命"进行"再革命"；以卢卡斯为代表的理性预期学派断言：政府刺激投资对稳定经济无效；供给学派强调：政府调控经济应从需求管理重新回到供给管理。

凯恩斯理论失灵，一个重要原因是其仅仅关注总量平衡而忽视了结构平衡。事实上，供求平衡同时也要求结构平衡。这一点马克思曾经在《资本论》中做过分析。在分析社会总资本再生产时，他将社会再生产分为生产资料再生产与消费资料再生产两大部类，明确提出要实现"价值补偿"与"实物补偿"两个平衡。其中"价值补偿"是总量平衡，"实物补偿"则是结构平衡。

马克思分析指出，总量平衡并不能保证结构平衡，而结构失衡必然导致总量失衡，所以他认为供求平衡的重点是在供给侧。在他看来，供给本身就是对具有一定价值的一定产品的需求。近年来，中央立足于我国改革发展实践，提出了"供给侧结构性改革"，强调要用改革的办法从供给侧调结构，并通过不断改进和提升供给扩大内需。

中外大量事实表明，改进和提升供给不仅可以更好满足需求，而且可以引导需求、创造需求。习近平总书记指出："当今时代，社会化大生产的突出特点，就是供给侧一旦实现了成功的颠覆性创新，市场就会以波澜壮阔的交易生成进行回应。"这句话的意思很清楚，供给与需求相辅相成，改进和提升供给也是扩内需。那么，怎样从供给侧扩内需？总体讲应坚持以下三大原则：

其一，用消费需求带动投资需求。当年凯恩斯主张重点扩投资需求，理由是投资有"乘数效应"。可就在凯恩斯《就业、利息和货币通论》出版的1936年，哈罗德出版了《商业周期》一书，证明消费对投资也有放大效应。这样说来，重点扩投资的理由并不成立。事实上，从需求链看，投资只是中间需求，消费才是最终需求，如果消费不足，扩投资无异于饮鸩止渴，反而会加剧过剩。欧美国家的"滞胀"是前车之鉴，所以我们要坚持用消费牵引投资，避免重蹈覆辙。

其二，用下游投资带动上游投资。一方面，投资要以消费为牵引，另一方面，扩投资也要有主次之分。今天产业分工十分发达，但不论分工有多发达，皆可将产业分为上游产业与下游产业。比如，采矿业是钢铁业的上游产业，钢铁业则是采矿业的下游产业；钢铁业是制造业的上游产业，制造业则是钢铁业的下游产业。而产业链的最终端，是消费品产业。由此而推，扩投资的重点就应该是在消费品产业。因为产业链条越长，投资乘数越高。在整个产业链中消费品产业处于最末端，对投资的带动作用当然最大。

其三，用进口带动出口。早在200年前李嘉图就论证过，各个国家按比较优势参与国际分工，通过对外贸易可以实现共赢，但前提是贸易要自由。可目前的局面是，西方贸易壁垒森严，特别是受这次疫情的影响，贸易摩擦有可能会升级。要打破这个僵局，可考虑用进口带动出口。一般来说，一个国家出口，目的是带动进口，若不进口，则代表着对国际分工收益的放弃。这样看，我们应实施积极进口政策。当前全球资源产品价格大幅下跌，扩大进口无疑可降低国内生产成本，提升出口竞争力。

二、提振消费的内在机理与政策安排

根据上述分析，从供给侧扩内需要坚持用消费带动投资，那么消费靠什么带动呢？从亚当·斯密到马歇尔，经济学家大多认为消费是收入的函数，即消费要由收入决定。说消费由收入决定应该没错，现实中这方面的例子举不胜举：沿海地区居民收入高过西部居民收入，前者消费明显高于后者的消费；今天人们收入高于改革开放前，而消费水平也普遍高于改革开放前。

可是马歇尔之后，经济学家的看法有了改变。美国经济学家费雪1930年出版《利息理论》，开篇就说"收入是一连串的事件"。何为"一连串事件"？他解释是指一连串消费活动。比如某人拥有10万元，若用7万元购买了消费品，这7万元便是他的收入；余下3万元，是他的资产（如储蓄、股票等）。显然，费雪将收入分成了广义与狭义两种：狭义的收入等于消费；广义的收入则大于消费。

另一位学者是凯恩斯。凯恩斯虽也认同消费函数，但他认为消费不会随收入同比例增长。在《就业、利息和货币通论》中，为了论证一个国家为何出现消费不足，他提出了所谓"边际消费倾向递减规律"，意思是：随着人们收入增加，消费也增加，但消费增加却赶不上收入增加，这样消费在收入中的比重（消费倾向）会下降。

在消费信贷产生之前，凯恩斯的分析也是成立的。可到了20世纪50年代后，消费信贷在欧美悄然兴起，于是"消费倾向递减规律"受到了挑战。比如，有人本来用自己的钱买不起房，可有了消费信贷后，便可通过银行贷款购买住房。人类进入21世纪，消费信贷风靡全球，这就意味着人们的消费已不完全受收入约束，它可以超过自己的收入。

果真如此么？对此有两位经济学家用自己的"假说"作了否定的回答。一是莫迪利亚尼的"生命周期假说"。此假说指出，在人生的不同阶段，消费与收入会有不同的安排：年轻时消费会大于收入，有负债；中年时收入会大于消费，有储蓄；老年时，消费会大于收入，用储蓄弥补缺口。前后算总账，一个人一生的消费，最终仍取决于他一生的收入。这样看，消费并未超过收入。

二是弗里德曼提出的"持久收入假说"，此假说认为，人的收入分为现期收入与持久收入，而决定消费的是持久收入（三年以上相对固定的收入）而非现期收入。一个人若现期收入不高而持久收入高，他完全可以通过消费信贷来扩大自己的消费。

以上两个假说角度不同，讲的却是同一个道理：从短期看，一个人的消费有可能大于收入；但从长期看，消费最终还是由收入决定。这在一定意义上算是挽救了消费函数。不过尽管如此，却仍解释不了美国发生的次贷危机。照弗里德曼的假说，消费者按持久收入消费，银行按客户的持久收入贷款，请问怎会出现次贷危机呢？

要回答上面的问题，得先提出两个推论：其一，假若有消费信贷安排，一个人的消费水平由持久收入决定；否则，消费仅由现期收入决定。其二，在存在消费信贷的条件下，一个人的消费水平不仅取决于持久收入，同时也决定于信贷杠杆率。第一个推论容易理解，消费信贷可将未来收入折现为当期收入。第二个推论复杂些，可以用下面的例子解释：假定某人有100万元希望购房，而银行不提供购房贷款，此时他只能购买100万的房产；若假定有消费信贷，比如银行可提供50%的贷款，他用100万便可购买200万的房产，杠杆率是2倍；而银行若提供90%的贷款，他用100万便可购买1000万的房产，杠杆率是10倍。从这些意义上说，当年美国发生次贷危机，说到底是杠杆率过高惹的祸。

回到操作层面，对提振消费有三点政策建议：第一，消费由收入决定，提振消费须优先稳就业。只有就业稳，消费者收入才能稳。第二，消费不仅决定于现期收入，同时也决定于持久收入，提振消费要有消费信贷的配合，不过杠杆率要控制适度，防止出现债务风险。第三，财政支出应重点保基本民生和基层工资。结合打赢脱贫攻坚战的要求，近期也可为贫困户适量发放消费券。

三、扩大投资的三种方法及其选择

从供给侧发力扩投资，总的原则是要坚持用消费带动投资，用下游投资带动上游投资。若具体到操作层面，扩投资还有一个问题要解决，那就是投资所需的资金如何筹措。若不解决资金筹措问题，扩投资便是无源之水，只能画饼充饥。所以接下来我们要讨论的是，扩投资的筹资方法有哪些？在这些方法中又应该怎样选择？

从理论上讲，扩投资的方法主要有三：一是发债；二是加税；三是减税。关于发债与加税，历史上曾发生过一场大争论。19世纪初，拿破仑挥师南北、横扫欧洲。为了共同对抗法国，英国组建了第四次反法联盟。为筹措军费，当时英国国会展开了激烈的辩论。焦点在于，军费是通过加税筹措还是发债筹措？以马尔萨斯为代表的一派力主发债；而以李嘉图为代表的另一派则主张加税。

李嘉图的理由是，发行公债与加税的区别，仅在于公债要偿付利息。假若政府不选择加税，企业虽然当年不必多缴税，但政府就得多发国债；而政府多发国债最终要靠征税偿还，企业日后就得多缴税。于是李嘉图得出结论说：今天政府发行的国债，其实就等于明天企业需缴纳的税。这就是著名的"李嘉图等价定理"。

若仅就加税与发债比较，李嘉图的分析是对的。不过李嘉图也有一个疏漏：那就是无论发债还是加税，皆势必挤占企业投资。反过来，若政府少发债而选择减税，也可增加投资，而且是增加企业投资。可见，减税也是扩投资的一种方法。说得更明确些，发债是从需求侧增加政府投资；减税是从供给侧增加企业投资。在发债与减税间如何取舍，实际就是对扩政府投资与扩企业投资进行选择。

事实上，以上三种筹资方法，美国曾在不同时期都采用过。20世纪30年代罗斯福推行新政，主要是发国债扩大政府投资；20世纪80年代里根入主白宫后，则主要是采取减税措施刺激私人投资；美国次贷危机后，奥巴马政府却推出了1.5万亿美元的加税计划。现在回头看，长期发国债扩投资，后果是"滞胀"；而加税则无异于杀鸡取卵。对此当年美国众议院预算委主席保罗·莱恩说得明白，政府税率越高，最终获取的税收就会越少；对企业收税越多，获得的就业机会就会越少。

由此看来，只有减税才是扩大就业的上选之策。我国的经验也证明，当经济面临下行压力时，政府与其加税，倒不如发债。加税不仅会抑制企业投资，还会减少居民消费；而发债至少短期内不会影响居民消费。

但需要指出的是，若在发债与减税之间选择，则应选择重点减税。虽然短期内发债比加税更可取，但长期看却会挤出企业投资。由于政府投资与企业投资的预算约束不同，后者投资的效果通常要好过前者。也正因如此，扩投资的主要办法是减税。2020年我国的《政府工作报告》明确指出，2020年赤字率拟按3.6%以上安排，这是特殊时期的特殊举措；加大减税降费力度，预计全年为企业新增减负超过2.5

万亿元。

进一步分析，减税其实也有两种选择：全面减税与结构性减税。前者是供给学派的主张，美国在里根时代推行的就是全面减税。可里根政府全面减税虽扩大了民间投资，但同时也加剧了结构性矛盾。国际金融危机后我国也启动了减税，为了兼顾扩投资与调结构，采取的主要是结构性减税。从2019年起我国制造业增值税率从16%降至13%；交通运输业、建筑业从10%降至9%；生活性服务业保持6%税率不变。结构性减税相对全面减税，显然棋高一着。

四、三点结论

总结全文，我们可得到下面三点结论：

第一，落实"六稳""六保"，必须坚持以供给侧结构性改革为主线。不能把扩大内需与供给侧结构性改革对立起来。应重点从供给侧发力扩内需，总的原则是用消费带动投资、用下游投资带动上游投资、用进口带动出口。

第二，消费由收入决定，扩大消费必须优先稳就业。由于消费也同时决定于持久收入，故提振消费要有消费信贷的配合，但应防止信贷杠杆率过高导致债务风险。财政支出应重点保基本民生、保就业、保基层工资。

第三，扩大投资有三种方法：加税、发债、减税。从稳就业与投资效果衡量，加税不如发债，发债不如减税。而就全面减税与结构性减税来说，结构性减税兼顾扩投资与调结构，一石二鸟，可成为我国未来稳增长的主要选择。

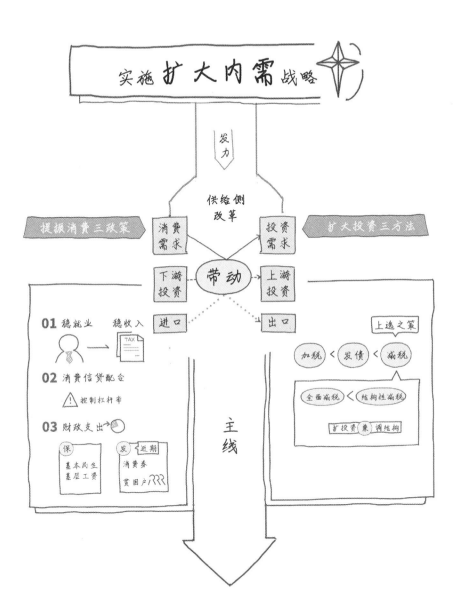

实施**扩大内需**战略

发力

供给侧
改革

提振消费三政策

消费
需求

投资
需求

扩大投资三方法

下游
投资　　带动　　上游
投资

进口　　　　　　出口

上选之策

加税 < 发债 < 减税

01 稳就业　稳收入
TAX

全面减税 < 结构性减税

扩投资 兼 调结构

02 消费信贷配合
⚠ 控制杠杆率

主
线

03 财政支出
保 基本民生
基层工资
发 近期
消费券
贫困户

239

为什么说释放经济潜力
需构建完整的内需体系？

○ 李晓华

中国社会科学院工业经济研究所研究员

◎ 内需相对于国际市场需求更加稳定，以内需拉动为主能够减轻由于全球经济波动造成的进出口剧烈变化对经济增长的冲击，使国内经济更加稳定和可持续。此外要想实现经济高质量发展，不仅需要创新能力不断增强的推动，也需要市场特别是国内需求升级的拉动。完整的内需体系是创造良好外部发展环境的有力支撑。

◎ 构建完整的内需体系需要统筹考虑供给与需求两个方面，坚持以供给侧结构性改革为主线，用持续升级的需求带动供给质量提升，用优质的供给实现和引领需求的扩大和升级，形成供给和需求的良性互动。

◎ 国内供给能力是国内需求实现的基础。面对当前复杂的国内外形势，我们更要将需求的实现建立在国内供给能力加强的基础上，通过增强粮食、能源等的国内供给能力，保障粮食安全、能源安全，增强产业链的韧性。

内需是我国经济发展的基本动力，扩大内需是满足人民日益增长的美好生活需要的必然要求。5 月 23 日，习近平总书记在参加全国政协经济界委员联组会讨论时强调，面向未来，我们要把满足国内需求作为发展的出发点和落脚点，加快构建完整的内需体系，逐步形成以国内大循环为主体、国内国际双循环相互促进的新发展格局，培育新形势下我国参与国际合作和竞争新优势。构建完整的内需体系，这是中央基于国内发展形势、把握国际发展大势作出的重大科学判断和重要战略选择，既凸显了扩大内需在我国经济发展中的战略地位，也为做好当前形势下的经济工作指明了方向。

一、把握全领域、多层次、动态性特征

总的来看，完整的内需体系是各类需求主体构成的全领域、多层次并随着技术、经济、社会等内外部条件、环境变化而动态调整的国内需求的总和。

完整的内需体系具有全领域性。完整的内需体系大体包括居民、产业和政府三大主体。社会生产的目的是满足人民群众的美好生活需要，因此居民消费成为完整内需体系的重要基础。目前我国已是世界第二大消费市场，而且随着我国经济转向高质量发展阶段，居民收入水平持续提高，"十四五"

时期我国社会消费品零售总额有望进一步提升。从产业来看，产业发展需要大量的厂房、机器设备、自然资源、能源、原材料、零部件和组件、软件、服务等各种投入。我国产业门类齐全、产业链完整，形成了对广泛领域的生产资料需求。此外，政府在现代经济社会发展中扮演着重要的角色，除了提供国防、基础设施、基本公共服务等公共产品，在优化产业环境、促进科技创新、推动产业发展方面也发挥着积极作用，对形成巨大且多元的国内市场需求有重要推动作用。

完整的内需体系具有多层次性。从居民消费来看，我国有数量可观的高收入人群、庞大的中等收入群体，同时低收入人群规模仍然巨大，持续巩固脱贫成果的任务仍然艰巨。居民消费既包括侧重数量、对价格敏感的生存型消费需求，也包括追求高品质、新颖性、个性化的享受型、发展型需求。我国是一个地域广阔、人口众多的多民族国家，由于生活环境的差异，形成了不同地域、不同民族、不同年龄阶段的多元性居民消费。从产业需求来看，我国企业发展水平不平衡，既有技术水平先进、具有国际影响力的世界一流企业，也存在大量生产规模小、技术水平较低的区域型中小企业，同一行业内不同企业的工艺、装备、系统各具特色，应用场景丰富，形成了不同技术水平、不同质量标准、不同价格的多层次生产资料需求。从政府层面来看，我国各级政府既承担着提供基础交通、通信、医疗、教育等基本公共服务的功能，又在新型基础设施建设、提高公共服务水平等方面发挥着重要的作用，形成多层次的需求。

完整的内需体系具有动态性。居民、产业、政府的需求都是不断变化的，经济增长、科技进步、人口结构变动、国际经贸环境变化等是内需变化的主要动因。经济增长会带来收入水平的提高，进而带动内需规模扩大、内需层次提高和内需结构更加多元化。技术进步会催生新产品、新服务、新模式、新业态，形成对原有需求的替代，拉动需求向新创造的供给转换。人口规模、性别和年龄结构的变化首先会引起消费需求结构的变化，进而对相应的产业结构与产业需求产生影响。全球化程度的提高会扩大国内用户对国外产品和服务的需求，出口导向型产业和企业的发展也会带来产业需求结构、层次的调整。反之，如果"逆全球化"加剧，对国外产品和服务的消费需求、面向国外市场的产业需求就会相应萎缩。由于居民、产业和政府三大内需主体之间，各细分产业及产业链之间相互依赖、相互影响，因此内需体系内部的变化也会引起各部分国内需求的变化。

二、我国经济发展的必然选择

当今世界正处于百年未有之大变局。一方面，新一轮科技革命和产业变革正在兴起，为世界各国提供了培育壮大新产业、加快经济发展、改善民生的历史机遇；另一方面，"逆全球化"暗潮汹涌，地缘政治风险上升，全球供应链产业链的稳定运转面临巨大风险。构建完整的内需体系既是我国应对复杂多变国际环境的要求，又是保持经济平稳健康发展、抓住历史机遇"换道超车"的必由之路。

完整的内需体系是我国经济发展的最大"稳定器"。我国是一个拥有 14 亿人口、9 亿劳动力、4 亿多中等收入群体的经济大国，内需在我国经济发展中始终占有重要地位。而且一般来说，国内居民、产业和政府对本国产品更具有依赖性。因此，内需相对于国际市场需求更加稳定，以内需拉动为主能够减轻全球经济波动造成的进出口剧烈变化对经济增长的冲击，使国内经济更加稳定和可持续。改革开放以来，我国政府调控宏观经济、应对重大危机的能力不断增强，经受住了亚洲金融危机、国际金融危机等多次严重外部冲击的考验，避免了国内需求的大起大落，内需成为经济发展的最可靠引擎。面对今年突如其来的新冠肺炎疫情，我国在较短时间内控制住疫情蔓延，国内需求快速恢复，成为率先复工复产、实现经济复苏的主要经济体。总的来看，近年来内需作为我国经济增长"压舱石"和"稳定器"的作用不断凸显。不断壮大、持续升级的国内需求将推动我国经济长期向好、实现高质量发展。

完整的内需体系是推动我国经济高质量发展的重要保障。我国经济已由高速增长阶段转向高质量发展阶段。实现高质量发展，不仅需要创新能力不断增强的推动，也需要市场特别是国内需求升级的拉动。2019 年我国人均 GDP 已经突破 1 万美元大关。在人民群众衣食住行等基本生存需求满足后，居民消费呈现明显的高端化、智能化、服务化、个性化、绿色化、健康化趋势，消费的重点转向提高生活品质的健康食品、新型消费类电子产品、智能家居、汽车等物质产品和教育、文化、健康、旅游、互联网等现代服务，消费的层次不断提高。消费需求的升级、比较优势的转变和更深程度的国际化也要求我国产业由过去追求规模扩张的平铺式发展转向技术更优、性能更高、质量更好的立体式、创新型发展。从改革开放以来产业发展的历史可以看到，巨大的国内市场在我国家电、通信设备、造船、建筑机械、高铁、互联网服务等产业发展壮大和升级中发挥了重要作用。随着我国经济转向高质量发展阶段，追求新颖和个性化消费的领先用户规模将会不断壮大，能够为我国前沿技术的商业化提供市场支持，有利于我国抓住新一轮科技革命和产业变革的机遇，加快战略性新兴产业和未来产业的培育壮大。

完整的内需体系是创造良好外部发展环境的有力支撑。完整的内需体系的形成既受制于一个国家的资源禀赋条件，也取决于经济发展的阶段和水平。我国是世界上为数不多的具有规模大、领域全、层次多的国内市场的国家。再加上在国民经济、商品和服务进口、居民收入和消费等增速上居于世界主要经济体前列，我国超大且快速扩张的国内市场是任何一个国家、任何一家跨国公司都无法忽视的。随着我国继续推动商品和要素流动型开放，更加注重规则等制度型开放，对外开放的广度、深度将不断拓展，国外商品、服务和资本进入中国市场将更加通畅。完整的内需体系与世界市场的地位有助于增强我国在国际经贸交往中的话语权，为我国经济社会发展创造稳定的外部环境。

三、辩证看待和处理三对关系

构建完整的内需体系，需要辩证看待和处理好供给与需求、国内供给与国外供给、内需与外需的关系。

供给与需求的关系。供给和需求是市场经济内在关系的两个基本方面，需求是供给的前提，供给是需求实现的条件。需求的变化要求供给作出相应的调整，需求规模的扩大、需求层次的提高会拉动供给能力的扩张和供给质量的提升，需求的层次反映供给的水平。反之，供给能力和水平也会对需求产生影响。一方面，供给能够引导需求，一些创新性供给甚至能够引发新的消费热潮；另一方面，如果供给能力长期无法满足需求，这部分需求就会萎缩、转移甚至消失。因此，构建完整的内需体系需要统筹考虑供给与需求两个方面，坚持以供给侧结构性改革为主线，用持续升级的需求带动供给质量提升，用优质的供给实现和引领需求的扩大和升级，形成供给和需求的良性互动。

国内供给与国外供给的关系。国内供给能力是国内需求实现的基础。作为一个经济体量和国内需求巨大的国家，不能主要依赖国外供给，必须要有较为完整的国内供给体系与之相适应。面对当前复杂的国内外形势，我们更要将需求的实现建立在国内供给能力加强的基础上，通过增强粮食、能源等的国内供给能力，保障粮食安全、能源安全，增强产业链的韧性。进一步看，我国始终对外资和国外商品及服务开放持积极的态度，随着我国开放领域进一步扩大、水平进一步提高，国外供给将在满足国内多元化、个性化需求方面发挥更为重要的作用，同时也为国内产业提供全球最优质的生产要素，实现全球资源的最佳配置。此外，国外供给带来的竞争压力还能够推动我国企业加强创新，提高国内供给的质量。总之，处理好国内供给与国外供给的关系，有利于强化产业链和供应链稳定性，更好构建完整的内需体系。

内需与外需的关系。国内需求与国内供给具有高度匹配性，而且不容易受到外部环境变化的影响，因此它是推动经济增长的基本动力，也是稳定可靠的需求来源。同时，在满足国内需求的过程中，国内供给能力获得发展，也会带动国内企业在国际市场上竞争力的提高。要注意的是，构建完整的内需体系不是忽视外需，更不是放弃外需。外需提供了空间巨大的市场，是带动世界各国经济增长、解决就业的重要力量。比如，德国、韩国等经济高度外向型国家的出口占GDP 的比例超过 40%。国际市场丰富多元的需求还可以发挥引导国内消费的作用，促进国内需求水平的提高。内需和外需之间应形成良性互动，进而逐步形成以国内大循环为主体、国内国际双循环相互促进的新发展格局。

如何发挥我国
超大规模市场优势和内需潜力？

○ 孙学工
中国宏观经济研究院经济研究所所长

○ 王　蕴
中国宏观经济研究院经济研究所研究员

◎ 党的十八大以来，我国持续保持经济健康稳定增长，在成为世界第二大经济体的同时，加快结构调整步伐，着力提高经济发展的质量和效益，超大规模的市场优势和内需潜力逐步形成和显现出来。具体特点包括需求结构优化，内需驱动特征更为显著；消费升级步伐加快，消费需求规模持续扩大；投资结构不断优化，新领域投资增长空间大；新业态、新模式快速发展，进一步促进内需潜力释放；综合成本优势突出，供需协同性强。

◎ 充分挖掘和激发内需潜力需要从以下几方面着手：以供给侧结构性改革为主线畅通国民经济循环；着力提振消费回补意愿和信心；积极培育和拓展消费新增长点；进一步提高投资的精准性和投资效率；加快推进收入分配体制改革。

当前，新冠肺炎疫情正在全球蔓延，不仅对我国经济运行造成了较大冲击，也对全球生产和需求造成冲击。面对前所未有的挑战，中国经济在前一阶段经受住了考验，重点项目复工率、制造业采购经理指数等均强劲回升。冲击和挑战没有改变我国经济长期向好、稳中向好的基本趋势，其坚实基础就来自于我国超大规模的市场优势和内需潜力。当前，在党中央坚强领导和各方面大力支持下，全国疫情防控阻击战取得重大战略成果，但境外疫情暴发增长态势仍在持续。在疫情防控常态化条件下加快恢复生产生活秩序，统筹推进疫情防控和经济社会发展工作，有效应对外部环境变化，更需要充分发挥我国超大规模市场优势，有效挖掘和激发强大内需潜力。

一、科学认识我国超大规模市场优势和巨大内需潜力

我国超大规模市场优势和巨大内需潜力是长期积累培育、从量变到质变的结果。从1949年10月到改革开放前夕，我国建立起了较为完整的工业体系，初步搭建了超大规模经济体的构架。改革开放以来，我国通过改革释放内生动力，不断发展壮大自己。党的十八大以来，我国持续保持经济健康稳定增长，在成为世界第二大经济体的同时，加快结构调

整步伐，着力提高经济发展的质量和效益，超大规模的市场优势和内需潜力逐步形成和显现出来。

一是需求结构不断优化，内需驱动特征更为显著。2008年以来，我国需求结构渐趋优化，内需对经济增长的支撑作用更加凸显，投资、消费和净出口拉动经济增长的协同性明显增强。在内需结构上，近年来我国消费对经济增长的拉动作用持续增强，成为经济增长的第一驱动力。上述变化使我国国内市场不断扩大，经济增长的平稳性、可控性显著提高，有效增强了抵御外部冲击的能力。

二是消费升级步伐加快，消费需求规模持续扩大。2019年我国人均 GDP 已达 10276 美元，社会消费品零售总额已经突破 41 万亿元，居民消费结构加快向发展型、享受型和品质型消费升级，服务化、品质化和多样化消费需求增长速度明显加快。眼下，我国已成为全球第二大消费市场，汽车、家用电器等家庭耐用消费品销售量已居世界首位，但人均拥有量与发达国家还有差距，相关消费仍有巨大增长空间。进一步看，中等收入群体规模大且增长潜力大，对中高端产品和服务的消费需求增长快，也是需要我们关注的重要方面。我国拥有世界上规模最大的中等收入群体，庞大的中等收入群体构成了我国中高端商品和服务的主要消费主体，对质量更优、性能更佳和内容更丰富的消费需求增长更快，推动商品与服务消费扩容提质、服务消费比重提高，为持续发挥超大规模的市场优势提供坚实基础。

三是投资结构不断优化，新领域投资增长空间大。随着我国经济转向高质量发展阶段，投资结构优化和投资质量提升步伐加快。补短板、促转型领域的投资增速明显加快，成为支撑投资整体平稳较快增长的基础。2019 年，我国道路运输业投资增长 9%，生态保护和环境治理业投资增长 37.2%，信息传输业投资增长 17.4%，高技术产业投资增长 17.3%；社会领域投资持续保持两位数增长。我国投资需求仍有较大增长空间。比如，人均基础设施存量水平相当于发达国家的 20% 至 30%，在民生领域、区域发展方面，还有大量基础设施投资需求；同时新的投资机会层出不穷，新投资领域不断涌现，以 5G 技术、人工智能、数据中心等为代表的新型基础设施建设将进入快速增长阶段；围绕都市圈、城市群的基础设施建设、提高城市品质的基础设施建设正步入快车道；随着制造业技术改造和设备更新加快推进，关键技术、高端装备和核心零部件、元器件等领域的投资力度将不断加大。

四是新业态、新模式快速发展，进一步促进内需潜力释放。在消费端，近年来随着新消费模式的兴起和传统消费模式的转型，消费者的消费成本更低、消费模式更加便利。网上消费的快速发展，使得消费活动面对的时间和空间限制极大减弱，"指尖消费"随时随地可以发生。特别是在疫情期间，外出聚集式消费活动受到了很大限制，在线消费在满足居民基本消费需求、保障基本生活方面发挥了重要作用，消费者的在线消费习惯也在加快形成。近年来我国一直是全球第一大网络零售市场，网络零售额在社会消费品零售总额中所占比重逐年上升。此外，线上线下消费的融合发展实现了线上便捷和线下良好体验的优势整合，更好满足了消费者全方位的消费需求。同时，对消费信息的及时响应使得供给创新效率更高、更有针对性，为消费潜力的释放创造了良好条件。在企业端，随着大数据、云平台、人工智能、工业物联网的快速发展与广泛应用，数字经济、共享经济、3D 打印、无人工厂等新生产模式不断涌现，拓展了基础设施和产业投资的空间，不仅释放了过去无法实现的潜在需求，还催生了很多新的需求，构成了经济发展的新动能。新动能在我国经济发展中的作用越来越突出，2015 年以来我国经济发展新动能指数每年以超过 20% 的速度提升，明显高于同期 GDP 的增速。

五是综合成本优势突出，供需协同性强。作为超大规模经济体，我国的规模经济优势比较突出。我国拥有广大地域、14 亿人口，拥有大规模要素供给、大规模市场容量，使大规模布局生产能力成为可能，并且随着国内统一市场建设、完善营商环境取得积极进展，规模经济优势更加巩固。还要看到，近年来，我国一般劳动力成本确有上升，但在中高端人才成本上我国仍有优势，每年普通高校毕业生人数超过 700 万人，供给充分。同时，我国拥有完整的工业体系，是世界上唯一拥有联合国产业分类中全部工业门类的国家，拥有 41 个工业大类、207 个工业中类、666 个工业小类，这为我国供给体系有效响应需求变化奠定了坚实基础，从而能够形成供需协同推进的局面，进一步扩大了市场边界。

二、多措并举充分挖掘和激发内需潜力

新冠肺炎疫情不可避免对我国经济社会造成较大冲击，特别是在全球疫情快速扩散蔓延而导致我国发展外部环境更为复杂的情况下，要有效对冲疫情影响，防止疫情短期冲击演化为长期趋势，更要充分发挥我国超大规模市场优势，多措并举充分挖掘和激发内需潜力，保持经济稳定运行。

一是要以供给侧结构性改革为主线畅通国民经济循环。近期要根据形势变化，在做好常态化疫情防控工作的同时，加快恢复生产生活正常秩序，畅通物流人流，加快恢复生产—流通—消费的社会大生产循环。在促进经济恢复常态的同时，要继续坚持以供给侧结构性改革为主线，畅通国民经济循环，使内需潜力得以充分释放。要按照《关于构建更加完善的要素市场化配置体制机制的意见》的部署，大力推动土地、劳动力、资本、技术和数据要素的自由有序流动，清理废除妨碍统一市场和公平竞争的各种规则和做法，释放生产要素潜能；积极扩大开放，进一步推动贸易投资自由化，保持和巩固我国在全球产业链中的重要地位；推动现代化经济体系建设，提高供给体系质量，实现供给与需求、经济增长和就业扩大、金融和实体经济之间的良性循环。

二是着力提振消费回补意愿和信心。最近一段时期，从中央到地方，进行了一系列政策创新，迅速推出了一批促进内需潜力释放的举措。不久前，国家发展改革委等23个部门联合印发《关于促进消费扩容提质加快形成强大国内市场的

实施意见》，强调要加快完善消费体制机制，进一步改善消费环境，发挥消费基础性作用，助力形成强大国内市场，并提出了 19 条措施。南京、济南、宁波等地推出了不同形式的消费券，还有一些地方提出试行周末 2.5 天弹性作息，引导职工周末外出休闲度假等。要积极对冲疫情影响，必须着力提振消费回补的意愿和信心，通过及时公开发布疫情防控信息、科学调整防控措施，鼓励各地多措并举，谋划线上线下促消费活动，积极引导消费者安全、放心和便利消费。

三是积极培育和拓展消费新增长点。适应当前消费绿色化、智能化发展的大趋势，积极推动相关消费扩容提质。加快推进智能汽车、虚拟现实、可穿戴设备等新型信息产品的发展，促进基于 5G 技术的信息服务消费发展，鼓励绿色节能产品的生产和消费。促进包容审慎监管与开放准入有效结合，为在线医疗、在线教育、在线娱乐和线上线下融合的生活性服务业的发展提供更加宽松的环境，从而更好满足快速增长的服务消费需求。

四是进一步提高投资的精准性和投资效率。进一步优化投资结构，加快补上重大公共卫生服务等领域的短板。加快 5G 网络、数据中心等新型基础设施建设进度，促进数字经济、智能经济和绿色经济发展。瞄准不断提高居民生活品质和城市品质，加大有效投资。大力度推进城镇老旧小区改造，可考虑适当提高对加装电梯等适老化改造的补贴，增加地方专项债的支持。加快推进城市地下管廊建设，增加公共卫生、医疗照护、社区服务等方面的投资，提高城市宜居水平。着眼城市群、都市圈发展，加大城市交通基础设施建设力度，加快补齐农村生产和消费基础设施短板。

五是加快推进收入分配体制改革。在这一过程中，既要畅通低收入群体向上流动渠道，稳步扩大中等收入群体，还要努力缩小居民收入差距，促进居民实际收入持续较快增长。要健全劳动等生产要素按贡献参与分配的机制，对知识、技术、管理、数据等生产要素的贡献给予准确回报，加快健全面向知识型、技能型和创新型劳动者的收入激励机制。

为什么说更加积极的财政政策有助于扩大内需？

○ 杨志勇

中国社会科学院财经战略研究院副院长

◎ 中国已经转向防止疫情输入阶段，积极财政政策应将扩大内需作为主要目标，让超大规模的国内市场优势得到更充分的发挥，将中国经济更快地拉回到正常的增长轨道上来，维护经济发展和社会大局稳定。

◎ 必须对已经出台的各类碎片化的财政政策措施加以整理，并计算出真正的政策力度，在此基础上明确财政政策到底应扩张多少，这也是稳预期的重要举措。

◎ 财政直接投资，应该加大对公共平台的直接投资，为各类投资提供公共服务，要适当平衡基础设施投资的经济效益和社会效益，兼顾扩大内需和改良民生。促进民间投资，引导更多的民间资本参与政府和社会合作项目，以减税降费降低投资成本。

◎ 消费升级换代是新时代消费的新特征。加快消费税税目税率的优化，并进一步降低税负，让更多的商品和服务以更亲民的价格面对消费者，以促进这部分消费潜力的释放。

2020 年一季度国内生产总值（GDP）比 2019 年同期下降 6.8%，这是新冠肺炎疫情冲击和经济下行压力叠加的结果。4 月 17 日，习近平总书记主持召开中央政治局常委会会议。会议指出："要以更大的宏观政策力度对冲疫情影响。积极的财政政策要更加积极有为，提高赤字率，发行抗疫特别国债，增加地方政府专项债券，提高资金使用效率，真正发挥稳定经济的关键作用。"超大力度的积极财政政策，是在特殊时期将着力点主要放在国内需求的财政政策，是创新宏观经济调控方式的重要实践。更大力度的积极财政政策意味着更大的消费和投资需求拉动效应。面对当前的经济形势，积极财政政策必须坚定不移地以扩大内需为主要目标，更加积极有为，让超大规模的国内市场优势得到更充分的发挥，将中国经济更快地拉回到正常的增长轨道上来，维护经济发展和社会大局稳定。

一、常态化疫情防控背景下，
积极财政政策表现出新特点

2020 年的积极财政政策，与前些年的积极财政政策有很大的不同。最明显的是财力条件发生了很大变化，第一季度全国一般公共预算收入下降 14.3%，财政收入下行压力仍然很大，但财政支出在许多方面依旧需要保证，财政收支矛盾更加突出。4月17日召开的中央政治局会议提出的提高赤字率、发行抗疫特别国债、增加地方政府专项债券、提高资金使用效率，正是抓住了矛盾化解的关键。接下来，应精心设计具体操作方案，以应对这一百年未有之大变局背景下的疫情冲击，确保经济社会发展目标的实现。

2020年的积极财政政策，增加了复杂的疫情防控因素，政策的力度和着力点必须作相应调整。中国已经转向防止疫情输入阶段，积极财政政策应将扩大内需作为主要目标。这是在不放弃国际市场前提下的扩大内需。实践说明，越是用好国际市场，越是有利于分工，越能提高经济效率。扩大内需，也必须做好国际宏观经济政策协调工作。病毒是人类公敌，疫情带来全球经济衰退阴影，各国必须携手应对，加强包括财政政策在内的宏观经济政策协调，为扩大内需创造良好的外部经济环境。

疫情的影响还有很多不确定性因素，常态化疫情防控，意味着积极财政政策运作的环境与平常有很大的不同，无论采取什么样的措施，首先应在疫情防控上加大有效投入，这是财政政策实施和其他诸多工作开展的基础。

二、以更加积极的财政政策稳定预期、提振信心

积极财政政策的力度足够大，超市场预期，才能迅速地起到稳定预期、提振信心的作用。这次新冠肺炎疫情，是新中国成立以来在我国发生的传播速度最快、感染范围最广、

防控难度最大的一次重大突发公共卫生事件，对经济的冲击之大，前所未有。市场主体面对生存考验，产业链供应链不稳，市场运行不畅，就业形势严峻，疫情防控和全球经济的不确定性因素仍然存在。在这种背景下，2020 年的积极财政政策必须是非常规的，政策力度必须足够大。

从财政政策的构成来看，积极财政政策的力度空间表现在三个方面：一是提高财政赤字率。综合考虑财政风险，财政赤字率对应一般公共预算可以提高到 3.2% 左右，这样大约可以释放出 4000 亿元的财政资金。二是发行抗疫特别国债，所筹集资金应主要用于受疫情影响的经济社会发展事务。三是增加地方专项债券。专项债券应有对应项目，且收益应覆盖成本。但在非常时期，为了更有效地发挥积极财政政策的作用，也可以考虑一定比例的项目有一般公共预算资金的注入，以增强项目的可行性，特别是增强地方债项目对民间资本的吸引力。

一季度，积极财政政策的具体措施已经出台不少，但要更好地发挥政策的作用，还必须对已经出台的各类碎片化的财政政策措施加以整理，并计算出真正的政策力度，在此基础上明确财政政策到底应扩张多少，这也是稳预期的重要举措。横向比较可以为决策提供更充分的依据，当前积极财政政策的力度，可以适当参考世界上其他主要国家的选择。积极财政政策在不同地区资金的配置，主要应依据地区受疫情影响的程度和经济的恢复能力，疫情影响最深的湖北省可以单列处理。

三、助力扩大投资需求

充分就业历来是财政政策的首要目标。4月17日召开的中央政治局会议要求加大"六稳"工作力度，做到"六保"。在"六保"和"六稳"中，就业扮演着重要角色，都排在第一位。就业需要有吸纳劳动力的市场主体，而这只能靠扩大投资来实现。

通过积极财政政策扩大投资，首先是财政直接投资。疫情期间，一些新兴产业成为经济亮点，比如数字经济。数字经济吸引了大量民间投资，但数字经济的公共平台建设并不适合仅由企业投资，因为可能引发大企业垄断、新投资者无法进入行业参与竞争、过多攫取消费者福利等一系列损害市场效率的问题。无论从刺激当前投资，还是从未来投资的可持续性来看，财政都应该加大对公共平台的直接投资，为各类投资提供公共服务。对于时下市场高度关注的新基建，政府可以将有限的财政资金用于相关公共平台建设，用于新技术开发以及其他的市场投资主体不愿意投入或投入易引发垄断等妨碍市场秩序行为的领域。

经过这些年的投资，传统基础设施的短板问题，已经在很大程度上得到了解决，但一些人口密度比较高、经济发展比较快的地区，经济社会发展对传统基础设施提出了更高层次的需求，财政投资仍有较大的空间。在具体操作中，要适当平衡基础设施投资的经济效益和社会效益，兼顾扩大内需和改善民生。比如4月17日召开的中央政治局会议提出的实施老旧小区改造的举措，既有助于促进民生的改善，也有利于扩大投资。

通过积极财政政策扩大投资，还表现在促进民间投资上，体现的是财政投资"四两拨千斤"的作用。比如，通过财政投资，引导更多的民间资本参与政府和社会合作（PPP）项目仍有较大潜力可挖。规范并扩大发展 PPP 项目，可以让民间投资者在承担风险的同时，获得与风险对称的收益。再比如，修复产业链、供应链，是疫情等非常时期财政政策促进民间投资的特殊做法。竞争性行业的产业链供应链稳定，本来主要依靠市场机制，但疫情发生后，各种不确定因素导致产业链供应链不稳定甚至中断，单纯依靠市场恢复不仅见效慢，甚至会直接危及企业的生存，从而降低民间资本的投资意愿。通过积极的财政政策，如减租减息等，能够帮助企业摆脱困境，推动补齐链条的投资，助力产业链供应链的修复，进一步提高民间资本的投资意愿，有利于企业的复工复产达产。以民营企业为主的中小微企业受此次疫情影响较大，当前的财政政策以吸纳就业人数为主要依据，给予企业有针对性的补助，这既是在保企业从而保就业，又是在稳定民间投资。

减税降费是积极财政政策的有机组成部分。减税降费能够降低投资成本，是促进民间投资增长的有效做法。最近三年，我国减税降费累计超过 4.6 万亿元。2020 年减税降费力度正在进一步加大，预计将超过 3 万亿元。加快推进以减税为中心的税制改革，将会更加有效地促进民间投资的增长。

四、进一步释放消费潜力

受疫情影响，人们的消费潜力得不到充分释放，严重影响了经济的良性循环。释放消费潜力，积极的财政政策大有可为。4月17日召开的中央政治局会议要求扩大居民消费，适当增加公共消费。扩大居民消费，政府出资发放消费券就是一个重要的举措。消费券可以更好地与企业的生产和供给相对接，顺利实现特定行业经济的良性循环。不少地方政府为本地居民发放消费券，已经看到了明显的效果。当前，为了进一步扩大消费，消费券的发放数量还可以再增加，适用的范围也可以更广一些。另外，仅有消费券是不够的，各地政府还可以积极探索多种形式的促进消费的财政政策。

疫情的发生同时也是一次消费再发现的过程，财政政策在此时的作用重在引导，让这类消费能够有实现的条件。比如，疫情让私家车在很大程度上成为生活的必需品。2019年8月发布的《国务院办公厅关于加快发展流通促进商业消费的意见》（国办发〔2019〕42号）提出，释放汽车消费潜力，实施汽车限购的地区要结合实际情况，探索推行逐步放宽或取消限购的具体措施。降低汽车交易税费的财政政策，可以促进汽车消费，应是一个可供选择的方向。再比如，4月17日召开的中央政治局会议提出要坚持房子是用来住的、不是用来炒的定位，促进房地产市场平稳健康发展。对此，各地政府可以结合各地情况，制定具体政策，有效降低住房的交易税费，扩大改善型住房消费，更好地满足住房的刚性需求。

另外，经历疫情之后，消费结构将会有比较明显的变化，健康消费将会更受重视，网络消费将更为流行，财政政策可以在引导消费上做更多的工作，通过对健康产业、农村和偏远地区物流快递业提供税收优惠，释放更多的潜在消费。

消费升级换代是新时代消费的新特征。疫情的发生，让不少中高端商品的消费从海外移至国内。为顺应这一变化，可以加快增值税税率三档并两档的步伐，加快消费税税目税率的优化，并进一步降低税负，让更多的商品和服务以更亲民的价格面对消费者，以促进这部分消费潜力的释放。财政政策可以在企业外销产品转内销上有所作为，进一步满足居民更丰富的消费需求。

促进消费的积极财政政策，应针对不同群体采取不同的收入支持政策。受疫情影响，相当数量的居民收入下降较多，消费能力相应下降。对于低收入群体，仅有消费券是不够的，可直接给他们发放现金补助，在保障其基本生活的基础上，进一步提高其消费能力。对于收入减少较多的中等收入群体，可以适当减免个人所得税汇算清缴补缴的金额，或延迟汇算清缴，从而释放出一定的消费能力。

在医疗、养老、教育、环境保护等方面的消费，财政政策都可以有所作为。针对这些公共服务的短板领域，只能通过适当增加公共消费来直接拉动消费需求。部分公共消费可以直接替代个人消费，从而提高居民可支配收入，间接拉动消费需求。

中国经济发展最为重要
最为迫切的就是国内需求问题

○ 于金富

辽宁大学中国经济转轨研究中心主任

◎ 从现实来看，当前中国经济发展所面临的最为重要、最为迫切的问题，就是国内需求问题，内需不足是制约经济发展的关键因素。

◎ 多方发力、全面扩大国内需求，首先要把扩大内需作为经济发展的出发点和落脚点，构建完整的国内需求体系。其次要打通生产、分配、流通、消费各个环节，克服疫情等因素的影响，扩大最终消费，创造条件促进实现居民消费升级。再次要全面深化产权制度与收入分配制度改革、大幅度提高居民收入水平进而提升居民消费能力，用改革的办法释放更大消费潜力，同时以多元化的方式刺激居民消费。最后是以推进新型城镇化为重要抓手，带动投资和消费需求。

2020 年 7 月 30 日，中央政治局会议召开，分析研究当前经济形势，部署下半年经济工作，习近平总书记明确要求"牢牢把握扩大内需这个战略基点""加快形成以国内大循环为主体、国内国际双循环相互促进的新发展格局"，强调从持久战的角度认识中国经济发展中的重大问题，并提出一系列实现稳增长和防风险长期均衡的宏观政策。在此前的 5 月两会期间，习近平总书记指出，要坚持用全面、辩证、长远的眼光分析当前经济形势，努力在危机中育新机、于变局中开新局。

当前，面对复杂严峻的国内外经济形势，必须在把握发展规律的基础上，坚持长短结合、统筹兼顾，努力育新机、开新局，实现经济健康发展、稳中有进。

一、以扩大内需为战略基点实现经济稳中有进

中央政治局会议强调，"做好下半年经济工作，要坚持稳中求进工作总基调""牢牢把握扩大内需这个战略基点，大力保护和激发市场主体活力，扎实做好'六稳'工作，全面落实'六保'任务，推动经济高质量发展"。

扩大内需是社会经济发展的根本条件与基本途径。当今世界正经历百年未有之大变局，和平与发展仍然是时代主

题，同时国际环境日趋复杂，不稳定性不确定性明显增强。我国已进入高质量发展阶段，发展具有多方面优势和条件，同时发展不平衡不充分问题仍然突出。中央政治局会议明确提出以扩大内需为战略基点，抓住了中国经济发展中的根本性问题。

马克思主义政治经济学社会再生产理论认为，社会产品的供求关系是决定社会再生产能否顺利进行的关键，社会总产品的实现问题即通过社会生产两大部类及其各个部分之间的产品交换使社会总产品在物质上得到替换、在价值上得到补偿，是社会再生产的核心问题。社会再生产活动包括生产、分配、交换、消费四个环节，这四个环节之间存在着相互联系、相互制约的关系。物质资料的生产是人类社会最基本的实践活动，它在社会再生产过程中起着决定性作用，分配、交换与消费等环节也具有重要地位和作用，分配、交换与消费都是生产得以连续进行的条件，对生产具有重要的反作用。在生产和消费的关系上，生产决定着消费，它创造出消费的材料。消费也反作用于生产，产品在消费中得到最后的实现。没有需求，就没有生产；需求不足，就会影响生产的规模扩大与连续进行。因此，由分配、交换与消费等因素形成的需求状况，对于社会生产与经济发展具有至关重要的作用。

从现实来看，当前中国经济发展所面临的最为重要、最为迫切的问题，就是国内需求问题，内需不足是制约经济发展的关键因素。因此，扩大国内需求应当而且必然成为我国经济发展的战略基点。为此，我们应当多方发力、全面扩大国内需求。一是要把扩大内需作为经济发展的出发点和落脚点，努力构建完整的国内需求体系，大力推进科技创新及其他各方面创新，加快推进数字经济、智能制造、生命健康、新材料等战略性新兴产业，形成更多新的增长点、增长极。二是要努力打通生产、分配、流通、消费各个环节，克服疫情等因素的影响，扩大最终消费，创造条件促进实现居民消费升级，既把被抑制的消费潜力释放出来，也要把各种新型消费和高等级消费开发出来、壮大起来。三是既要全面深化产权制度与收入分配制度改革、大幅度提高居民收入水平进而提升居民消费能力，用改革的办法释放更大消费潜力，也要以多元化的方式刺激居民消费，尤其是积极扩大旅游、文化、养老、教育培训等领域的消费规模。四是以推进新型城镇化为扩大内需的重要抓手，带动投资和消费需求，加强城市住房、医疗、教育等短板领域的建设，以满足农民进城就业安家的需求，由此释放更大的消费需求潜力。鼓励社会资本参与基本公共服务项目建设，积极扩大有效投资，由此释放更大的投资需求潜力。

二、从中长期视角认识构造新发展格局的重大意义

中央政治局会议指出："当前经济形势仍然复杂严峻，不稳定性不确定性较大，我们遇到的很多问题是中长期的，必须从持久战的角度加以认识，加快形成以国内大循环为主体、国内国际双循环相互促进的新发展格局。"

构造以国内大循环为主体、国内国际双循环相互促进的

新发展格局具有客观必然性。根据马克思主义政治经济学原理，经济全球化条件下的现代社会经济既是以民族与国家为单元的主权经济，又是以国际贸易为纽带、以世界市场为载体的世界经济。因此，一国经济必然形成国内循环与国际循环共时并存、相互促进的总体格局。

当前，中国经济发展面临世界经济深度衰退、国际贸易和投资大幅萎缩、国际金融市场动荡、国际交往受限、经济全球化遭遇逆流、一些国家保护主义和单边主义盛行、地缘政治风险上升等不利局面。为此，我们必须在坚持对外开放政策的同时，积极推动形成以国内大循环为主体的经济发展战略布局，这对于中国经济行稳致远、健康发展是十分必要与非常重要的。

从总体上看，中国经济潜力足、韧性强、回旋空间大、政策工具多的基本特点没有变。从产业体系来看，中国具有全球最完整、规模最大的工业体系，强大的生产能力，完善的配套能力。从消费潜力来看，中国拥有1亿多市场主体和1.7亿多受过高等教育或拥有各类专业技能的人才，还有包括4亿多中等收入群体在内的14亿人口所形成的超大规模内需市场，中国正处于新型工业化、信息化、城镇化、农业现代化快速发展的阶段，投资需求潜力巨大。从制度保障来看，公有制为主体、多种所有制经济共同发展，按劳分配为主体、多种分配方式并存，社会主义市场经济体制等中国特色社会主义基本经济制度，既有利于解放和发展社会生产力、激发各类市场主体活力，又有利于实现促进效率和体现公平的统

一、走向共同富裕，为形成以国内大循环为主体、国内国际双循环相互促进的新发展格局，实现经济持续发展提供了有力的制度保障和强劲的内在动力。

为了形成以国内大循环为主体、国内国际双循环相互促进的新发展格局，我们应当运用系统论的方法，树立全局观念，进行总体性思考、全局性谋划、整体性推进，实现发展规模、速度、质量、结构、效益与安全相统一。一是加快推进新型城镇化。贯彻落实党中央、国务院关于新型城镇化建设的决策部署，针对县城基础设施、公共服务、社会治理、产业发展与数字生态等方面所存在的短板和薄弱环节，利用大数据、人工智能与5G等数字技术，在具备一定基础的地区推进县城智慧化改造建设，着力补短板、强弱项、重实效。二是要加快新型基础设施建设，深入推进重大区域发展战略，加快国家重大战略项目的实施步伐。三是要科学施策，综合施策，确保宏观政策落地见效。要制定与实施积极有为、注重实效的财政政策；制定与实施保障重大项目建设资金、注重质量和效益的投资政策；制定与实施灵活适度、精准导向的货币政策，保持货币供应量和社会融资规模合理增长，推动综合融资成本明显下降，确保新增融资重点流向制造业、中小微企业。加强宏观经济政策的协调配合，促进财政、货币政策同就业、产业、区域等政策形成集成效应，构建完整的国内大循环体系。

当前我们应当坚定不移推动经济全球化朝着开放、包容、普惠、平衡、共赢的方向发展，推动建设开放型世界经济，积极参与国际经济循环，积极培育新形势下我国参与国际合作和竞争的新优势，实现国内国际双循环相互促进。

三、中长期发展规划为经济长期稳中向好奠定基础

2021年开始，我国将进入"十四五"时期，这是开启全面建设社会主义现代化国家新征程的第一个五年。编制和实施国民经济和社会发展五年规划，是我国经济治理的重要方式，有助于依据国家中长期发展规划目标和经济改革目标来制定和实施短期的宏观调控政策，从而使短期宏观调控能够保持战略定力，进而保证了短期政策与长期政策的有效结合。

制定中长期发展规划至关重要，此次中央政治局会议就明确提出了推动"十四五"时期经济社会发展的指导思想和基本要求。当前和今后一个时期，和平与发展仍然是时代主题，我国发展仍然处于战略机遇期，但发展不平衡不充分问题仍然突出，机遇和挑战都有新的发展变化，我们所遇到的技术创新、结构调整、产业升级与经济持续稳定发展等诸多问题都是涉及中长期的，对于这些问题，既需要有短期应对之策，更要有中长期解决之道。

从中长期看，新一轮科技革命和产业变革如火如荼，势必重构全球创新版图。疫情推动数字经济异军突起，产业数字化、智能化水平加快提高，必将在满足消费结构升级中增强产业的市场竞争力，提升供给体系的质量和效率。面对中国经济发展过程中遇到的各种中长期问题和挑战，应当从持久战的角度加以认识，并做好持久战的思想准备与物质准备，

做好较长时间应对外部环境变化的准备，着眼于未来 5 年、15 年甚至更长远的发展来谋篇布局。制定中长期经济发展战略，就是把前瞻性思考与长远性规划相结合的科学举措。

在经济实践中，宏观调控短期政策要始终以中长期发展规划为引领，一以贯之、承前启后，环环相扣、步步推进。一是坚持短期应对和长期规划相结合，建立统筹疫情防控和经济社会发展工作的长期协调机制。一方面积极应对疫情对经济社会发展带来的即时影响，另一方面，着眼未来，为经济社会长远发展创造条件、奠定基础。二是瞄准中长期发展的制高点增加有效投资，通过加强新基建等举措，抓住产业革命新机遇，保障重大项目建设资金，着力提高投资质量和效益，提高供给质量，为经济发展积蓄力量。三是推进资本市场的基础制度建设，促进资本市场平稳健康发展，为经济发展提供充足而有保障的融资条件。四是坚持以结构调整为战略方向，更多依靠科技创新，实现产业结构高级化，通过"补短板"和"锻长板"，提高产业链供应链稳定性和竞争力。五是完善宏观调控跨周期设计和调节，实现稳增长和防风险长期均衡。宏观政策应当更加着眼长远发展，通过不同年份政策方向和力度的动态调整来实现稳增长和防风险两大基本目标的协调与平衡。

应充分认识推进
新型城镇化对于内需的意义

○ 肖金成

国家发改委国土开发与地区经济研究所研究员

◎ 新型城镇化建设将创造大量新的投资需求和消费需求，对于稳就业、保民生、稳投资、促消费等将发挥重要作用。

◎ 新型城镇化"新"在以人为核心，注重保护和提升农业转移人口的利益，促进农业转移人口的市民化。更加强调在产业支撑、人居环境、社会保障、生活方式等方面实现由乡到城的转变，要求实现城乡基础设施一体化和公共服务均等化，实现城乡统筹和可持续发展，最终实现人的无差别发展。

◎ 所谓农业转移人口市民化，实质就是让进城的农民工享受与城市居民同等的公共服务、社会福利，不再是城市的"边缘人"。

2020 年两会《政府工作报告》提出，2020 年拟安排地方政府专项债券 3.75 万亿元，重点支持既促消费惠民生又调结构增后劲的"两新一重"建设。其中一"新"，便是新型城镇化建设。4 月 9 日国家发改委发布《2020 年新型城镇化建设和城乡融合发展重点任务》，新的建设路径图出炉。当前，新型城镇化建设有哪些新趋势、新机遇、新要求？中国城镇化促进会副主席、国家发改委国土开发与地区经济研究所原所长肖金成接受佛山日报《理论周刊》专访，他认为，在新起点上加快推进新型城镇化，对于稳就业、保民生、稳投资、促消费等可发挥重要作用，佛山要抓住粤港澳大湾区城市群建设机遇，进一步优化空间布局，探索佛山特色的新型城镇化路径。

一、新型城镇化对稳就业保民生促消费有重要作用

　　在国内国际发展环境日趋复杂多变的情况下，重点支持新型城镇化建设，加快推动农业转移人口市民化，对于经济社会发展具有重要意义。新型城镇化建设将创造大量新的投资需求和消费需求，对于稳就业、保民生、稳投资、促消费等将发挥重要作用。

　　《理论周刊》：2020 年国务院《政府工作报告》对新型

城镇化建设着墨颇多，现阶段为何要强调新型城镇化建设？新型城镇化"新"在哪里？新起点上有何新要求？

肖金成：城镇化是现代化的必由之路，是最大的内需潜力和发展动能所在。进入 21 世纪后，城镇化战略上升为国家重大战略，从"十五"计划提出"要不失时机地实施城镇化战略"，到"十三五"规划提出"坚持以人的城镇化为核心，加快新型城镇化步伐"，再到十九大提出"以城市群为主体，构建大中小城市和小城镇协调发展的城镇格局，加快农业转移人口市民化"，二十年来中国城镇化战略一以贯之。2019 年，我国城镇化水平已由 1998 年的 33.3% 提高到 60.6%。

什么是城镇化？就是伴随着工业化进程，农民从农村向城市、城镇转移的自然历史过程。这个过程的出现源于两方面合力，一是工业化的拉力，二是农业现代化的推力，城镇化是这两股力量共同作用的结果。城镇化水平通过城镇化率来衡量，即城镇常住人口占总人口的比重。从这个指标来看，城镇化一定是人的城镇化，而非土地的城镇化。很多人把城镇化理解成扩大城市规模，或者把农村建设为城市的样子，实为偏离了城镇化的本质和核心。

城镇化的本质，是实现人口由农村向城市和城镇转移，最终目的是为人的全面发展创造条件，让进城的农民进得来、住得下、过得好。与传统城镇化相比，新型城镇化"新"在以人为核心，注重保护和提升农业转移人口的利益，促进农业转移人口的市民化，它不是简单的城市人口比例增加和规模扩张，而是更加强调在产业支撑、人居环境、社会保障、生活方式等方面实现由乡到城的转变，要求实现城乡基础设施一体化和公共服务均等化，实现城乡统筹和可持续发展，最终实现人的无差别发展。按照国务院印发的《国家新型城镇化规划（2014—2020年）》，中国特色新型城镇化道路包括五项内容，即以人为本、四化同步、优化布局、生态文明、文化传承。

随着我国经济由高速增长阶段转向高质量发展阶段，对推动新型城镇化也提出了更高的要求。当前，在新冠肺炎疫情影响和国际发展环境复杂多变情况下，重点支持新型城镇化建设，加快推动农业转移人口市民化，对于经济社会发展具有重要意义。大量农业转移人口进城务工经商，不仅为工业化提供了人力资源，也将不断扩大市场需求，为经济增长提供新的动力，对于稳就业、保民生、稳投资、促消费等将发挥重要作用。2020年国务院《政府工作报告》把新型城镇化列入"两新一重"加以强调，正是要发挥其既促消费惠民生又调结构增后劲的重要作用。

二、提高城镇化质量要从解决农民工市民待遇入手

过去由于很多大中城市设置很高的入户门槛，而中小城市附加在户籍上的福利又很少，农民工落户城市的步伐和积极性因此受到抑制，导致通过解决农业转移人口户籍问题来提高城镇化质量的途径被阻断。因此，促进农业转移人口市民化，提高城镇化质量，应从解决农民工的福利与保障入手。

《理论周刊》：长期以来，很多农业转移人口尽管进了城，但没有改变农民身份，没有享受城市居民享受的福利和保障，存在就业难、住房难、子女上学难等问题。您说城镇化实质是人的城镇化，那当前推进新型城镇化的核心任务是什么？

肖金成：加强新型城镇化建设，必须把握时代发展脉搏、抢抓国家政策机遇，突出关键点，找准突破点。党的十七大以来，中央不断强调农业转移人口市民化，农业转移人口市民化成为城镇化战略的核心任务与难点所在。解决这个核心命题，正确的选择是让进城的农业转移人口留下来，并让他们的家属进城来，解决农民工的社会保障问题、住房问题和子女就学问题。

所谓农业转移人口市民化，实质就是让进城的农民工享受与城市居民同等的公共服务、社会福利，不再是城市的"边缘人"。农业转移人口与农民工是同义语。很多人认为，农业转移人口市民化就是解决他们的户籍问题。事实上，户籍只是一个形式，附着在户籍上的福利和保障才是实质内容。过去由于很多大中城市设置很高的入户门槛，而中小城市附加在户籍上的福利又很少，农业转移人口落户城市步伐和积极性因此受到抑制，导致通过解决户籍问题来提高城镇化质量的途径被阻断。2019 年我国城镇化水平达到 60.6%，但户籍人口城镇化水平仅 44.4%，意味着约 2.2 亿的农业转移人口没有城市户籍，导致城镇化的质量受到严重影响。因此，促进农业转移人口市民化，提高城镇化质量，应从解决这类人群的福利与保障入手。

首先应解决的是农业转移人口的社会保障问题。主要是解决社会保障可转移问题，应加快在农业转移人口输入和输出大省之间进行养老保险关系转移的对接试点工作，在取得经验的基础上向全国推广。尽快实现社会保障全国统筹问题，以使农业转移人口全面建立社会保障制度尽快成为现实。其次是解决农业转移人口子女教育问题。未成年人教育是输入地政府的责任，不应该对农业转移人口子女就学有任何拒绝和歧视。要加大教育资源供给，实现公办学校普遍向随迁子女开放，并允许随迁子女在流入地参加高考。再次是解决住房问题。应多层面完善农业转移人口住房问题，制定解决这类人群住房的长期政策，建设一批小户型廉租房，向包括农业转移人口在内的无力购房低收入群体出租。最后是鼓励家庭移民，家庭中凡有一人在城镇有固定职业者，允许其家庭成员落户；确保未落户常住人口全部持有居住证，逐步扩大居住证附加的公共服务和福利项目。

国家发改委 2020 年 4 月发布的《2020 年新型城镇化建设和城乡融合发展重点任务》明确提出，推动城镇基本公共服务覆盖未落户常住人口。农业转移人口市民化，为他们提供福利、保障和基本公共服务，是这些人口就业所在地政府不可推卸的责任。

有些地方政府至今仍把城镇化与城市建设混为一谈，投入大量资金用于城市的美化、亮化、洋化，而疏于解决农业转移人口面临的困难和问题，导致农村出现"留守儿童""留守妇女""留守老人"问题。"三留问题"与"三农问题"一样，都是城镇化不彻底的问题，加快农业转移人口市民化、提高城镇化质量才是城镇化的核心要义、重中之重。

三、佛山新型城镇化首先要注重空间布局优化

都市圈、城市群是未来一段时期内中国城镇化的主体形态，佛山作为粤港澳大湾区的重要节点城市，要抓住建设粤港澳大湾区城市群和广佛全域同城化建设的重大机遇，以及国家大力支持新型城镇化建设的契机，大力推动城市间交通基础设施互联互通。

《理论周刊》：经过40多年改革开放，佛山从桑基鱼塘的鱼米之乡发展到GDP过万亿、常住人口超800万的组团式城市，城镇化水平显著提高，但也存在交通拥堵、资源约束趋紧、环境质量有待提高等问题。您认为佛山走好新型城镇化道路，目前最紧要的是什么？

肖金成：经过40多年快速发展，佛山的产业经济、城市硬件建设、政务服务改革等取得了显著成就，但客观上也存在发展方式不够集约、布局不够优化的问题。着眼当前发展任务和区域发展格局，佛山的新型城镇化建设，首先要重视空间布局的优化。

一是要处理好与大湾区城市的关系。党的十九大明确提出，以城市群为主体，构建大中小城市和小城镇协调发展的城镇格局。都市圈、城市群是未来一段时期内中国城镇化的主体形态，佛山作为粤港澳大湾区的重要节点城市，要抓

住建设粤港澳大湾区城市群和广佛全域同城化建设的重大机遇，以及国家大力支持新型城镇化建设的契机，大力推动城市间交通基础设施互联互通，要通过城际轨道交通建设实现与大湾区各城市的连接，这对增强佛山的区位优势和优化空间布局意义重大，应列为"十四五"期间城镇建设的重点任务。

二是要处理好城市内部组团的关系。佛山内部组团之间也要通过轨道交通连接起来，以发达的交通网络形成城镇体系，实现大中小城市和小城镇协调发展。如此，实现组团之间既有一定的空间间隔，又以四通八达的地铁交通紧密联系，形成"众星捧月"式的空间结构，并不断吸引要素的集聚，构建人口集聚、产城融合、空间优化、生态宜居的城镇格局。

三是要优化城镇布局和形态。佛山镇域经济发达，形成了以家具、陶瓷、针织、内衣、五金、铝材等为特色的众多专业镇。而丰富的产业门类和悠久的历史文化，也为发展特色小镇奠定了良好基础。佛山可充分利用深厚的产业资源和文旅资源，坚持特色兴镇、产业建镇，大力打造特色小镇，强化城镇基础设施和公共服务短板。很多人搞不清楚特色小镇和小城镇的区别，甚至也搞不清楚小城镇与建制镇的区别。一般来讲，小城镇是建制镇政府所在地，是农村地区的商贸中心、文化中心，是城市之尾、农村之首，是城乡融合的节点。一个建制镇可建设若干个特色小镇。把小城镇建设成为开放型、环境优美、现代化的小城市是未来的发展方向，城市退休职工和周边地区的农民向小城镇聚集，实现空间上的城乡融合。

四是优化工业空间布局。工业空间是城市规划的重要组成部分，科学的工业空间布局，将为先进制造业发展和传统产业转型升级提供支撑。伴随着工业化进程，佛山形成了数量众多的工业园，但不少工业园仍存在粗放式发展问题，导致占用大量的农业用地和生态用地。工业园区的数量不在多而贵在精，要通过科学合理的规划，对这些工业园进行升级改造或整合，以完善的基础设施、良好的公共服务、规范化的管理，提升其空间紧凑度和人力资源集聚度。

五是正确处理城乡融合问题。一提城乡融合很容易陷入一个误区，以为把城市建设得像农村，把农村建设得像城市，或者扩大城市规模，就是城乡融合。包括珠三角在内，国内很多地区的农村，有钱了就盖楼房，没有统一规划，也没有自身特色；城市建设和更新改造也缺乏对历史文脉的尊重，缺乏对地方特色、地方风情的挖掘和展现，导致"千城一面"。实际上，所谓城乡融合，主要是制度层面和政策层面，要实现规划一体化、交通一体化、户籍一体化、社会保障一体化、市场一体化、土地制度一体化，避免城乡二元对立。2020年的《政府工作报告》明确提出，要让城市更宜业宜居。其中重点，就是解决公共服务供给不足、基础设施尚不完善、生态环境有待改善、历史文化遗产保护力度不够等问题，提升人民群众的获得感和幸福感。

着力建设
"两大一高"新西部

○ 陈　耀

中国社会科学院西部发展研究中心副主任

◎ 建设"两大一高"新西部，是指新时代西部开发的使命和任务是三个"更加注重"，即更加注重抓好大保护，更加注重抓好大开放，更加注重推动高质量发展。

◎ 西部大开发也产生了很大的溢出效应。西部大开发最突出的是交通能源等基础设施、生态环境、基本公共服务及民生事业、特色产业和城乡发展等方面，西部经济总量占全国的份额也从开发初期的 17% 提升到了 20% 以上。

◎ 新时代要重点加强西部大开放的通道建设、平台建设、口岸建设，加强西部的开放主体培育和开放产业培育，以及营商环境建设，努力在西部建立起面向国际市场的现代开放型产业体系和外向企业主体。

从 20 世纪末起始，西部大开发已经整整 20 年了，这 20 年来不论从统计数据来看还是从民众的实际感受来看，西部大开发确实带来了非常大的变化，表现最突出的是交通能源等基础设施、生态环境、基本公共服务及民生事业、特色产业和城乡发展等方面，西部经济总量占全国的份额也从开发初期的 17% 提升到了 20% 以上。西部大开发也产生了很大的溢出效应，这 20 年通过大量材料设备物资采购、工程施工建设以及技术人才引用等外溢，其实对其他地区的经济包括中部、东部、东北地区的经济，也都形成了较大的拉动作用。

新的时代推进西部大开发形成新格局，还要有一个环节，这就是 20 年来，西部大开发有哪些历史经验值得总结？我们说西部开发进行了 1.0 版、2.0 版，现在到了 3.0 版，这些经验哪些是在第三个 10 年应当坚持下去的，有哪些是我们需要不断地去完善，去深化的？我觉得这也是我们学术界应该需要做的工作，在这个基础上我们才能明确未来 10 年西部大开发新的使命，进而形成新格局的方向，这是我的一个想法。

西部大开发的经验，应该说这 20 年有很多可以去总结。从我们学术研究这样一个角度，我粗略地概括了四个大的方面，不一定正确，供大家批评。

第一方面，我们实施的西部大开发战略，名义上说的是

"大开发"，但是它的初衷应该还是"再造山川秀美"。大家都知道，西部大开发的号角是 1999 年 5 月在陕西西安吹响的，当时提出来的目标就是要再造山川秀美的大西北。所以 20 年来，西部开发实际上始终把生态环境建设摆在了突出的位置，这与习近平总书记提出的生态文明思想应该说是高度契合的。西部的生态环境建设主要包括退耕还林还草、天然林保护、防沙治沙和石漠化治理等一系列的工程。应该说西部大开发抓生态建设也是符合区域经济学逻辑的。因为保护生态环境，实质是保护生产力，西部生态的改善，特别是这些年西北地区的荒漠化和西南地区的石漠化得到有效的遏制，为西部地区的经济发展和民生改善创造了非常好的发展条件。

第二方面，就是国家和政府的力量始终是在为西部地区打基础、造环境，培育内生增长动力，审慎地区分出政府与市场作用的这种边界。我觉得这是改革开放后，中国在解决地区差距问题上迈出的一个重大的步伐，我们并非一切都是以政府来对不发达地区做投资、搞产业、建项目，发展经济还要发挥市场配置资源的作用。政府主要是在为西部打造发展的基础条件，尤其是头 10 年，主要是搞交通能源水利等基础设施建设、生态环境建设，营造好的发展环境，培育西部发展的内生动力，尤其重视推进西部落后地区的教育、医疗、就业、社保等基本公共服务的均等化，这不仅体现了在对落后地区实施发展援助上的政府责任，也是我国国家区域政策走向成熟的一个标志。

第三方面，在推进西部开发的政策工具上，除了运用财政转移支付、政策性金融支持等国际通行做法之外，我们还实行了"对口帮扶、对口援助"这一特殊工具，不仅中央政府对西部地区发展加大支持，而且还组织东部发达省份对西部贫困落后省区"一对一"或"多对一"帮扶，这是促进西部落后地区发展一个有效的政策工具，也是我们中国的制度优势转化为治理效能的一个体现。西部地区占全国国土面积的71%，占全国总人口的28%，特别是全国贫困县和贫困人口绝大部分分布在广袤的西部地区，要使这些地区脱贫并和全国一道建成小康社会，必须要发挥我们集中力量办大事的制度优势，发动一些发达的地区实行对口帮扶，这不仅表现在西部脱贫攻坚和经济发展上，在西部发生重大自然灾害的抗灾和灾后重建上，也都体现得非常充分。当然，今后在运用对口支援这方面政策工具时还需要规范和完善，避免一些滥用情况的发生，避免给发达地区带来过多的负担。

第四方面，我们始终把"发挥优势，突出特色，分工合作，分类指导"，作为推进西部大开发的基本政策导向和工作原则。遵循了经济学关于比较优势的理论和资源空间配置的规律，避免了地区间无序的同质竞争。西部开发这些年也出台了很多政策文件和规划，其中非常注重发挥各自的比较优势，重视培育发展各地的特色优势产业，强调差异化分工和跨地区合作，强调根据西部不同类型地区的特点，细分政策单元，进行分类指导。这些做法符合我国的国情特点，也符合经济学规律。

新时代赋予西部开发新的使命，那么，新时代的西部大开发要继往开来，以上这些历史经验需要在未来 10 年的西部开发中继续坚持和完善。2019 年，习近平总书记主持中央全面深化改革会议时，审议通过了关于新时代推进西部大开发形成新格局的指导意见，提出了三个"更加注重"，即更加注重抓好大保护，更加注重抓好大开放，更加注重推动高质量发展。我认为，这三个"更加注重"就是未来西部开发要承担的新的使命和任务。我把它们概括为"两大一高"，在未来的 10 年，我们要按照这个新使命的要求，来推进西部大开发形成新的格局。

这里所说的新格局其实包括很多方面，我认为其中最重要的包括以下四个方面：

第一，要形成"大保护"的新格局。坚持"生态优先，绿色发展"是各个地区发展都必须坚持的重要原则。西部地区地处我国大江大河的上游，是国家重要的生态屏障，也是我国重要的资源富集区，从这个角度来说，在大保护上要形成新的格局，其中重要的是抓好长江上游、黄河上游、三江源等地区的生态保护、水资源保护，长江经济带和黄河生态带都要把大保护放在首位，这既是新时代西部开发的使命，也是建设美丽西部的重要任务。

第二，要在"大开放"上形成新格局。未来发展中，西部地区的区位条件发生了很大的变化，从过去对外开放的末梢，变为开放的前沿，随着"一带一路"的推进，我国西南、西北、东北地区成为向西开放的战略前沿，这为西部地区构建开放型经济新体制，利用国际国内两种资源、两个市场，以开放促开发，以开放促发展，带来了前所未有的新机遇。所以，西部大开发要在大开放上做好做实这篇大文章。新时代要重点加强西部大开放的通道建设、平台建设、口岸建设，加强西部的开放主体培育和开放产业培育，以及营商环境建设。现在国家已经在重点建设西部陆海新通道，并布局了自由贸易试验区、综合保税区、跨境合作区、边境合作区等开放载体和平台，赋予一系列先行先试和倾斜性政策。现在对西部来说，大开放最难的还是开放的主体和产业培育，这方面还有很大的文章去做，要努力在西部建立起面向国际市场的现代开放型产业体系和外向企业主体。

第三，要在中心城市引领和城市群带动上形成新的格局。西部地区国土面积大，而绝大部分是山地、沙漠、河流，承担着重要的生态功能，新时代西部开发不能分散投资、分散用力，一定要把发展聚焦在中心城市和城市群，要形成中心城市引领城市群发展，城市群带动区域发展的新格局。中央在文件里特别强调了，要提升和发挥国家和区域中心城市的作用，这里的国家中心城市其实就是三个，即重庆、成都、西安，西部其他省会城市都是区域中心城市。城市群重点包括成渝双城经济圈、关中平原城市群、北部湾城市群、呼包鄂榆城市群、兰西城市群、天山北坡城市群、滇中和黔中城市群等。

最后，要在形成现代化产业体系上形成新格局。主要包括采用现代新技术改造提升西部地区的传统特色优势产业，特别是加快资源型产业和加工型产业转型升级，抓住国家发展"新基建"的机遇，加快培育以数字经济为重点的新经济动能，大力发展新产业、新技术、新业态、新模式，不断减少对资源性产业的依赖。

如何进一步推进新型
基础设施建设投资？

○ 郭克莎

华侨大学经济与金融学院院长

◎ 新型基础设施的完整含义应包括"为高新技术产业及应用服务"和"以市场化投资建设为主"两个要素。目前新型基础设施主要包括三方面内容：信息基础设施、融合基础设施和创新基础设施。

◎ 推进新基建投资适应了我国当前的经济形势，反映了推动产业结构升级和经济高质量发展的根本需求，既有利于提升产业链水平和保障供应链安全，也有利于把稳增长与高质量发展结合起来。

◎ 推进新基建投资既要加强顶层设计又要加强统筹协调，要注重协调好政府投资和民间投资的关系，注重推动新基建投资与传统基建投资协调发展，注重处理好政府政策引导与市场配置资源的关系。

基础设施是经济社会发展的重要支撑。加快新型基础设施建设，是促进当前经济增长、打牢长远发展基础的重要举措。2020 年的《政府工作报告》提出，要"加强新型基础设施建设"。在应对疫情影响和推动经济恢复增长的背景下，新型基础设施建设成为社会各界关注的一个政策重点和热门话题。对于新型基础设施建设的范围和作用，目前各方面的认识还不一致，有必要深化对这个问题的研究，为实践发展提供必要的理论支撑。

一、新型基础设施的含义和范围

前不久，国家发改委明确新型基础设施的范围，提出新型基础设施是以新发展理念为引领，以技术创新为驱动，以信息网络为基础，面向高质量发展需要，提供数字转型、智能升级、融合创新等服务的基础设施体系。这个定义比较全面地概括了新型基础设施的基本要素，反映了现阶段的政策理念和要求。要看到的是，新型基础设施的重点在"新型"，即为哪些方面提供服务和由谁来投资建设。

基础设施包括公用基础设施和专用基础设施，公用性质的基础设施如交通、环境等基础设施，为所有产业部门的运营提供支撑和服务，一般以政府投资建设为主；专用性质的基础设施如农业、工业、能源等基础设施，为专门产业部门的运营提供支撑和服务，一般由政府与企业根据设施应用范围分别投资建设。新型基础设施包括公用设施和专用设施，但总体上属于专用性质为主的基础设施，它与传统基础设施的一个区别，就是主要为高新技术产业及应用提供支撑和服务，并以市场化投资建设为主，由政府与企业根据设施应用特点分别投资建设。因此从理论上说，新型基础设施的完整含义，应包括"为高新技术产业及应用服务"和"以市场化投资建设为主"两个要素。明确这些含义，有利于确定政策取向和引导投资行为，更好发挥社会投资的作用。

在界定概念的基础上，我们还要进一步确定新型基础设施的范围。目前新型基础设施主要包括三个方面内容：一是信息基础设施。主要是指基于新一代信息技术演化生成的基础设施，比如，以5G、物联网、工业互联网等为代表的通信网络基础设施，以人工智能、云计算、区块链等为代表的新技术基础设施，以数据中心、智能计算中心等为代表的算力基础设施等。二是融合基础设施。主要是指深度应用互联网、大数据、人工智能等技术，支撑传统基础设施转型升级，进而形成的融合基础设施，如智能交通基础设施等。三是创新基础设施。主要是指支撑科学研究、技术开发、产品研制的具有公益属性的基础设施，比如，重大科技基础设施、科教基础设施、产业技术创新基础设施等。这是一种广义的范围，有利于我们更好地理解和把握新型基础设施建设的方向。

二、关键要协调处理好三个关系

总的来看，推进新基建投资适应了我国当前的经济形势，反映了推动产业结构升级和经济高质量发展的根本需求，既有利于提升产业链水平和保障供应链安全，也有利于把稳增长与高质量发展结合起来。推进新基建投资既要加强顶层设计，在深化研究的基础上制定出台有关指导意见和发展规划，引导各地区制定确实可行的投资规划，从各地实际出发突出投资重点；又要加强统筹协调，在充分发挥各方面积极性和创造性的条件下，推动处理好以下几个方面的关系。

（一）注重协调好政府投资和民间投资的关系

新基建与传统基建的一个重要区别是，新基建主要依靠市场化投资，政府不是主要的投资主体。政府扩大对新基建的投资主要是为了解决其中的公共投资问题，特别是扩大科技研发创新所需的公用基建投资，同时起到逆周期调节市场需求、对社会投资起导向作用的效果。而对于高新技术产业的专用基建投资、应用高新技术改造传统基建投资，政府投资主要是发挥"四两拨千斤"的作用，重点是拉动和引导民间资本的投资。

从当前情况和发展趋势看，应当加强对地方政府新基建投资的必要导向，防止一些地方政府对新基建投资采取包揽一切重大项目、全面安排投资计划的做法。要引导各地从实际需求和财力出发，确定不同的新基建投资发展重点，避免同类新基建投资一拥而上、各地投资项目过度趋同的问题，避免短期内引起某些方面投入和需求过大导致供给结构性短缺、长期看又引起结构性过剩的问题。相关宏观管理部门应注意进行政策引导和协调，及时发布各地新基建投资信息，引导各地研究制定合理的投资规划，并通过规划引导社会资本扩大新基建投资。

（二）注重推动新基建投资与传统基建投资协调发展

根据国家发改委确定的范围，应用高新技术改造传统基础设施属于新基建的内容，这部分的投资规模是比较大的，因而广义的新基建投资在整个固定资产投资中有较大的比重和拉动力。现在要讨论的是广义新基建投资与一般传统基建投资的关系问题。

一般传统基建就是除了应用高新技术改造传统基础设施之外的内容，主要是"铁公机"等基建投资。需要注意的主要问题是：

首先，不能以新基建投资否定传统基建投资。两者有不同的作用、取向和重点，都是应对疫情影响和经济社会发展所需要的。传统基建投资量大面广，对投资和经济增长仍有较大拉动力，对保就业、保民生的作用可能更加直接，但主要受制于政府公共投资能力和地方政府债务风险；而新基建投资有可能快速扩大，发挥出前所未有的拉动投资、推动经济高质量发展的重要作用，但增长前景还取决于市场化投资的响应程度。

其次，新基建投资与传统基建投资是相互促进的。传统基建为新基建发展提供必要的外部条件，解决公用设施和环境的支撑问题，整个新基建的发展在一定程度上要以传统基建的发展为基础；新基建的发展可以为传统基建拓展更大的空间，带动传统基建改造升级，特别是通过应用高新技术改造传统基础设施，增强传统基建的新动能和新前景，提升传统基建投资的效率和可持续性。

再次，要统筹协调新基建与传统基建的投资关系。从短期看，传统基建投资可能仍会占较大比重，中央部门所确定的重大投资项目多数仍属于传统基建的内容，中央与地方的投资比例划分也会带动地方政府对传统基建的稳定投入。但同时也要注意新基建投资出现"雷声大雨点小"的情形，以市场化投资为主体的新基建投资能否快速扩大，不仅取决于各级政府的重视程度和推动力度，更重要的是能否有效拉动民间投资。从这个角度看，促进新基建投资与传统基建投资协调发展，使新基建投资真正担纲多重发展使命，关键要鼓励支持和引导民间资本的进入，这需要研究并采取切实有效的政策措施，特别是要把工作重点放到深化改革开放上。

（三）注重处理好政府政策引导与市场配置资源的关系

新基建投资与传统基建投资的一个重要差别，就是新基建投资的投资前景和收益回报具有更大的不稳定性。推进新基建投资主要依靠市场化投资，需要建立一种政府部门搭台、市场主体唱戏的机制。政府要推动和引导新基建投资，就要改变行政性、计划性的管理方式，转而实施市场化的管理方式。要继续深化"放管服"改革，推行负面清单的监管制度，使市场在资源配置中起决定性作用，使投资者更大程度地依据市场信息决策并承担投资风险。

政府在政策引导方面主要是做好以下几件事情：一是研究制定新基建投资规划。比如，中央有关部门要研究制定全国性的新基建投资发展规划，省级政府部门也要研究制定符合本地情况的新基建投资发展规划。投资规划宜粗不宜细，主要起到发布信息、引导投资的作用。二是深化相关投融资体制改革。要更多地依靠改革的办法，运用市场化、法治化的手段，破解新基建投融资面临的体制机制问题。特别是要坚持深化供给侧结构性改革，坚持问题导向，支持帮助民营企业解决进入新基建领域面临的投资、融资、技术、人才等具体难题。三是进一步优化各种政策环境。比如，完善与新基建投资相关的制度安排，补齐制度性或机制性的短板；改善与新基建投资相关的营商环境，落实相关财税、融资等优惠政策，发挥好各类中介服务机构的作用。

总之，要努力创造一个更加改革开放的制度环境，创造一个更加宽松稳定的政策环境，创造一个更加便利和优惠的营商环境，创造一个更加容错和激励的创新环境，从而更好推动新型基础设施建设投资，为经济发展注入强劲动力。

"新基建"有哪些
实施路径？

○ 杜庆昊

　中共中央党校（国家行政学院）信息技术部高级工程师

◎ 新型基础设施建设，包括信息基础设施和传统设施的数字化
改造升级，其突出特点是"信息化""高技术"和"补短板"，
是中国建设现代化经济体系的最重要引擎和最重要一环。

◎ 以5G、人工智能、工业互联网、物联网为代表的新型基础设施，
本质上是数字化的基础设施。以新一代信息技术产业化应用
为标志的数字经济，需要一套完整的数字化基础设施作为支
撑。在信息技术的支持下，各行业数据得到有效整合和共享，
以人工智能为代表的数字化技术正在成为"新基建"的重要
组成部分，为传统产业的转型进行技术赋能。

◎ 坚持创新驱动发展战略，用科技创新引领"新基建"核心技
术攻关，用融合创新引领"新基建"赋能传统经济。科学布
局产业链、全力打造供应链、着力筑造防护链以确保"新基建"
产业链的安全。

当前，加快推进新型基础设施建设（简称"新基建"）已成为发展共识，既是应对新冠肺炎疫情和经济下行的有效手段，也代表着经济高质量发展的未来方向，还成为数字经济发展的新引擎。发展经济学强调，要根据一个国家和地区的历史阶段和国情实际，制定具有针对性的、行之有效的经济政策，推动经济社会发展。从发展经济学视角看，"新基建"不是简单的经济刺激方案或经济政策工具，而是符合当前中国经济所处历史方位、符合中国经济发展实际的战略部署，有特定的内涵解读和实施路径。

一、历史方位视角：数字社会背景下 "新基建"的基本内涵

发展经济学要求必须立足发展中国家和地区所处的历史方位，来探寻阻碍经济发展的根源，提出适应当前历史阶段的发展策略。从发展经济学这一视角看，"新基建"的提出有其历史必然性。一方面，人类社会已经进入数字社会。《全球数字经济新图景（2019 年）》显示，截至 2018 年底，全球 47 个主要经济体数字经济总规模超过 30.2 万亿美元，占GDP 比重高达 40.3%。《2019 年互联网趋势报告》显示，全球互联网活跃人数达 38 亿人，约占世界总人口的 51%。《中

国数字经济发展与就业白皮书（2019 年）》显示，2018 年中国数字经济规模达 31.3 万亿元，占 GDP 比重达 34.8%，对 GDP 增长的贡献率达 67.9%。数字技术更是在改善人类生存条件、推进经济转型发展、催生新的就业等方面展现出巨大能量。另一方面，不适应数字社会发展的经济条件已经显现。当前，受疫情影响和经济转型发展要求，线上经济活动需求高涨，产业互联网发展日益活跃，对"新基建"的需求十分庞大，"新基建"已难以有效支撑数字经济的快速发展。因此，必须立足数字社会这一全新社会形态认识"新基建"，立足数字经济这一全新经济形态把握"新基建"，更准确地界定和认识"新基建"的范畴。

（一）数字化基础设施是"新基建"的核心

以 5G、人工智能、工业互联网、物联网为代表的新型基础设施，本质上是数字化的基础设施。随着物联网推动的万物互联，全球网络连接终端数量大幅增加，数字技术与网络技术相互融合，生成的数据呈指数型增长，云计算、大数据、人工智能、物联网、区块链等新一代信息技术支撑的数字经济进入快速发展阶段。《中国新基建研究报告》显示，中国 5G 网络将在未来几年迎来爆发式增长，预计到 2025 年用户规模达 10 亿人，市场规模达 3.3 万亿元；5G 网络建设累计达 1.2 万亿元，带动产业链上下游累计投资超 3.5 万亿元；5G 网络商用将带动移动数据流量消费 1.8 万亿元、信息服务消费 2 万亿元和终端消费 4.3 万亿元。此外，5G 与云计算、大数据、物联网、人工智能等深度融合，将形成新一代信息基础设施的核心能力，进一步推动社会生产方式改进和生产力发展。党的十九大作出建设网络强国、数字中国、智慧社会的重大战略部署，以新一代信息技术产业化应用为标志的数字经济，需要一套完整的数字化基础设施作为支撑，从而有力助推我国数字经济发展。

（二）传统产业的数字化转型是"新基建"的关键

数字化转型是指利用新一代信息技术，构建数据采集、传输、存储、处理和反馈的闭环，打通不同层级与不同产业间的数据壁垒，提高产业整体运行效率，构建全新的数字经济体系，进而优化生产过程、延伸产业链长度、扩展服务环节，为传统产业提质增效。当前，传统产业正面临"爆炸式颠覆"和"挤压式颠覆"双重威胁，很多传统企业正在步入发展衰退期。随着经济发展的日益产业化和全球化，挤压式颠覆对传统产业的冲击日趋明显，传统产业迫切需要探寻新增长点和新发展模式。

在信息技术的支持下，各行业数据得到有效整合和共享，数据和数字技术持续为传统产业赋能。比如传统制造业数字化转型和智能制造发展需要工业互联网的支撑；新能源汽车和智能网联汽车的发展需要能源互联网、车联网和智能化交通基础设施的支撑；水、电、气等城市公共基础设施的数字化和智能化转型需要城市物联网的支撑；智慧农业建设需要农业物联网的支撑；等等。以人工智能为代表的数字化技术正在成为"新基建"的重要组成部分，为传统产业的转型进行技术赋能。

（三）传统基础设施的数字化改造是"新基建"的重点

"新基建"既应包括 5G、工业互联网、数据中心这样的信息基础设施，也要包括铁路、公路、水利和市政管网等传统设施的数字化改造升级。特别是经过多年建设与发展，传统基础设施建设已进入成熟期，为发挥投资的最大效能，在处理"新基建"和传统基础设施建设关系的时候，应该将两者视为存量和增量的关系，注意两者的融合和改造提升。特别要加快能源、交通、水利、环境资源等领域的数字化、网络化、智能化改造升级，促进重要基础设施的精准管理和高效运行。比如加快改造老旧电网，建设智能电网，提高发电、输电、变电、配电等环节的信息化和智能化水平，实现电力流、信息流、业务流高度一体化；加快改造交通基础设施，建设综合交通运输信息平台，提高交通运输信息化、智能化水平；建立健全环境资源监测系统，建立水、土地、矿产、森林等基础性资源全程动态监测、污染源控制、生态保护信息系统，提高国土资源和环境保护领域的预警、决策和执法能力。

二、中国国情视角：数字中国进程中
"新基建"的主要路径

加快数字中国建设，就是要适应我国发展新的历史方位，全面贯彻新发展理念，以信息化培育新动能，用新动能推动新发展，以新发展创造新辉煌。因此，必须立足中国实际，通过"新基建"进行基础设施创新，提高基础设施供给质量，促进数字中国建设。

（一）聚焦信息技术，打牢"新基建"基础

在疫情防控和经济发展中，现代通信、数据、互联网信息技术等越来越体现出重要作用。加快推进"新基建"，必须重视新一代信息基础设施建设，筑牢万物互联的基础。

一是加快推动5G、人工智能和大数据建设。发展5G通信，既要在核心技术层面，加大核心器件的研发；也要在基础设施层面，继续加快推进5G基站建设；还要在应用层面，着力推进5G与金融、贸易、工业互联等智能应用场景的深度融合。人工智能是引领未来的战略性技术。要推动人工智能与制造、金融、贸易、交通等领域的深度融合，着力打破传统企业与人工智能企业的合作壁垒，规范数据安全。着力推动大数据技术产业创新发展，加快完善数字基础设施，统筹规划政务数据资源和社会数据资源，完善基础信息资源和重要领域信息资源建设，推进数据资源整合、开放和共享。

二是着力构建现代化信息基础设施体系。加快推进固定宽带网络、移动通信网络、下一代互联网、北斗系统、太空互联网、广播电视网等各类网络基础设施部署，完善国际国内海路光缆建设，持续扩大网络覆盖范围，提供陆海空天一体化网络接入服务能力。持续推进宽带普及提速，优化骨干网络结构，拓展网络出口带宽，全面构建全光网城市，提供宽带高速网络接入服务能力。推进网络信息基础设施智能化转型，超前部署超大容量光传输系统、高性能路由设备和智能管控设备，实现网络服务能力持续提升和网络管理智能化。

（二）坚持创新驱动，提高"新基建"质量

相比传统基础设施建设以土地、资源等要素投入为主，"新基建"则强调高端装备、高端人才、高端技术等要素投入，建设难度和持续投资相对来说都较大。要提高"新基建"质量，必须坚持创新驱动发展战略。

一是用科技创新引领"新基建"核心技术攻关。习近平总书记指出："要突破自身发展瓶颈、解决深层次矛盾和问题，根本出路就在于创新，关键要靠科技力量。"一方面，要坚持自主创新、重点跨越，努力实现在"新基建"优势领域、关键技术上的重大突破，尽快形成一批带动产业发展的核心技术；另一方面，要加强基础研究，强化原始创新、集成创新和引进消化吸收再创新。加快构建产学研用融合协同的技术创新体系，努力攻克高端芯片、工业操作系统、工业软件等基础技术以及下一代网络、人工智能、区块链等前沿技术。

二是用融合创新引领"新基建"赋能传统经济。加快"新基建"进度，不是简单的基础设施建设，而是与产业化应用协调推进，助推传统产业创新发展。深入推进智能制造，加强关键共性技术创新，推进智能制造关键技术装备、核心支撑软件、工业互联网等系统集成应用。深入推进市政设施智能化，在城市基础设施规划、建设和运营中充分考虑和最大程度地利用信息技术，优先推广物联网感知设施在城市基础设施上的应用，全面实现城市基础设施数字化和联网化。深入推进交通基础设施智能化，以车联网、智能网联汽车、无人驾驶为导向，加快路侧通信设备安装，完善网络环境，积

极推广利用传感、采集等设备加快道路、信号灯、道路标识等交通基础设施信息化改造进程，打造智能化的道路环境。

（三）完善产业链条，确保"新基建"安全

随着产业分工深化，国与国之间的竞争实际上是产业链的竞争。"新基建"发力的都是高科技、新产业，处在产业链的高端。确保"新基建"顺利推进，关键是确保"新基建"产业链安全。产业链包含供应链、安全链等，维护产业链安全，就要维护产业链完整，加强供应链管理，确保安全链有效。

一是科学布局"新基建"产业链。一方面，要深度融入全球产业链分工合作，全面推动"新基建"对外开放，吸引外资更多投向信息产业和先进制造业，鼓励跨国公司在中国设立信息技术研发中心。另一方面，加快具有全球影响力的关键引领型信息产业进口替代，加大对新一代信息技术和高端制造业的创新投入，把住产业链关键环节。

二是全力打造"新基建"供应链。产业链安全强调上下游产业间的配套、协调和稳定，其本质是上下游供应链的配套协调发展。

三是着力筑造"新基建"防护链。一方面，构筑"新基建"产业链安全防控体系，建立健全外商投资、并购审查机制，避免外商恶意并购或者控制我国"新基建"产业链核心环节。另一方面，建立"新基建"产业链安全预警机制。密切关注国外针对我国设置的技术性贸易壁垒情况，强化行业协会在高新技术产业链安全预警机制中的作用。

（四）升级数字消费体系，提升"新基建"效益

在新冠肺炎疫情期间，消费场景快速向云端转移，线上业态、线上服务、线上管理逆势爆发，"新基建"表现出了对新消费的强劲拉动作用；同样，新消费也呼唤"新基建"提供和加强硬件保障，特别是构建完备的数字消费系统，让"新基建"和新消费同频共振。

一是建立健全信息惠民服务体系。拓展信息惠民服务渠道，充分利用移动应用、自助终端、网站、数字电视、智能家居等网络化方式和社会企业渠道，构建多样化、泛在化、便捷化的惠民服务信息接入渠道。充分利用互联网、电信、金融、能源、广电等企业网络平台渠道广覆盖优势，加强信息惠民服务推送，推行信息普遍覆盖和信息无障碍服务，提高信息惠民服务城乡、区域、人群均等化水平。

二是积极培育壮大线上消费体系。大力促进消费提质扩容，支持新业态新模式，丰富5G、超高清视频、增强现实/虚拟现实等应用场景，推动发展远程医疗、在线教育、数字科普、在线办公、协同作业、服务机器人等，带动智能终端消费。扩大优质数字文旅产品供给，加快释放新兴消费潜力，发展沉浸式体验型文旅消费，引导和培育网络消费、体验消费、智能消费等消费新热点新模式。鼓励线上线下融合等新消费模式发展，推动"智慧商店""智慧街区""智慧商圈"建设。

三、政策选择视角：保障"新基建"高质量发展的政策环境

"新基建"的突出特点是"信息化""高技术"和"补短板"，是中国建设现代化经济体系的最重要引擎和最重要一环。"新基建"关键在"新"，不仅仅指要加强硬的"新基建"，还要加强软的"新基建"，努力为"新基建"高质量发展营造良好的政策环境。

（一）加强统筹规划，积极稳妥推进

"新基建"与传统基础设施建设有本质差别。大量"新基建"领域的核心短板并不在于物质和资本的短缺，而是在于技术瓶颈、协同瓶颈和其他软件基础设施的不足。因此，盲目投入大量资金可能面临较大的创新失败风险，造成资金浪费。一是加强战略引导。将"新基建"列入国民经济和社会发展"十四五"规划重点任务，编制国家级专项规划，形成发展"新基建"的顶层设计。充分吸收过去传统基础设施建设的经验教训，统筹协调好"新基建"的全国部署和重点地区、重点领域建设，形成全国一盘棋的良好格局。二是要加强应用引领。通过开展试点示范、推进"新基建"示范基地和园区建设等方式，引导形成一批可复制、可推广的最佳实践案例。鼓励"新基建"相关企业立足行业需求开展应用创新和商业模式创新，支持其创新成果的复制推广。

（二）放开市场准入，激发市场活力

"新基建"与传统基础设施不同，一方面，"新基建"技术门槛高、创新要素强，与政府主体相比，市场主体具有

天然的技术优势、人才优势、资金优势和管理优势；另一方面，"新基建"很多项目具有明显的商业化价值，应该用市场的手段去推动。进一步放开基础设施建设投资领域的市场准入，为民营企业参与基础设施建设投资拓展渠道、消除限制。在传统基础设施建设领域，当前民间投资仍存在不小的准入门槛。进一步做好"新基建"项目可行性评估，发挥好政府和市场"两只手"的作用。在"新基建"领域，政府应充分让市场发挥资源配置的决定性作用，主要通过制定行业规则、设施标准、产业规划布局等，推进市场有序运行。对商业化价值低但又非常有必要的或涉及公共信息安全的、或市场整合难度比较大的"新基建"项目，政府要积极主导或牵头。

（三）优化营商环境，加强政策支持

研究制定促进"新基建"政策体系，破除体制机制障碍，加强"新基建"共建共享。加强有关法律法规、行业管理、安全保障、资源配置等方面的政策协同，加大"新基建"有关知识产权保护力度，落实竞争中性原则，依法保护企业家合法权益。"新基建"大多属于新技术新产业，需要不同于传统基础设施建设的财政、金融、产业等配套政策支撑。在财政政策方面，继续加大研发支出加计扣除的范围和力度。在货币金融政策方面，要在低息融资、专项贷款、多层次资本市场培育、并购、发行上市、发债等方面给予"新基建"相关企业一定的政策倾斜，切实降低企业负担，拓宽企业融资渠道。

如何为经济体系 "活血强骨健体"？

○ 蔡之兵

中共中央党校（国家行政学院）经济学教研部副教授

◎ 与传统基础设施建设相比，新型基础设施已经完全处于不同外在形态、不同技术层级、不同建设模式，它对经济体系的引领效应更强、促进作用更大、支撑能力更足。加强基础设施建设能够使用更多的要素类型、创造更优的产业结构、创造更强的生产体系，从而提高整个经济体系的循环能力。

◎ 面对整个产业和技术体系的薄弱之处，应尽快通过实施一批国家重大战略项目来"补短板"。第一，应坚持"以点通线"思路，通过国家战略项目攻克有较好基础的产业或产业链中的发展难点，从而确保整个产业链的安全。第二，对涉及国家安全和人民切身利益的领域，坚持"以线替线"思路，实现领域完全自主自控。

◎ 区域发展战略的发展健康程度将直接决定我国整体区域的发展健康程度，应加快区域发展战略的统筹力度、加快区域发展战略的实施进程、加快不同区域的一体化程度，使得区域战略体系化、整体化、系统化，发挥重大区域战略体系的最大效果。

加快推动新型基础设施建设，深入推进重大区域发展战略，加快国家重大战略项目实施步伐。这是中共中央政治局2020年7月30日所召开的会议做出的决定，不仅是应对国内外发展环境和阶段变化的短期策略，也是推动我国加快形成"双循环"新发展格局的长期战略，更是实现高质量发展的根本之道。

一、具有重大意义

　　近些年来，全球经贸、产业、技术竞争格局的剧烈变化对我国未来发展战略提出了较大挑战，通过实施包括加快新型基础设施建设、深入推进重大区域发展战略、加快国家重大战略项目实施步伐等举措对实现培育经济发展新动能、扩大内需规模和实现产业技术升级等目标具有重大意义。

　　首先，是培育经济增长新动能、转变经济发展方式的需要。随着全球产业和技术革命竞争的加剧，各国经济增长都面临越来越大的压力，如何培育新的增长动能已经成为我国面临的重要难题。从经济发展模式的本质分析，基础设施的技术含量、区域关系的协调、重大项目的引领都会对经济发展模式型态产生巨大甚至颠覆性影响。比如，新型基础设施建设就可以通过重新组合要素结构、改造产业关联结构、优化信息传递结构来实现经济发展动能的更新。

其次，是扩大内需规模、加快形成"双循环"新发展格局的需要。长期以来，我国经济发展高度依赖于外贸，虽然2007年以来我国对外贸易依存度就已经开始有序下降，但2019年我国对外贸易依存度仍然超过31%。导致这一现象的根本原因就是内需规模不足。扩大内需已经不再是一个单纯的生产消费结构匹配问题，它已经能够影响国家经济体系的平稳和安全运行。在这种背景下，推动新型基础设施、重大区域发展战略、国家重大战略项目的实施不仅能够直接创造内需，更重要的是随着区域协调发展战略的深入推进，高度一体化的国内市场结构会加快形成，我国超大规模市场优势将真正发挥作用，这是实现"双循环"新发展格局的根本前提。

最后，是弥补技术短板，保障国家经济产业链安全的需要。习近平总书记多次指出，关键核心技术是要不来、买不来、讨不来的。只有把关键核心技术掌握在自己手中，才能从根本上保障国家经济安全、国防安全和其他安全。近几年，我国部分企业所面临的芯片封锁和断供困境已经充分证明这一点。突破产品和技术壁垒，实现核心技术的完全自主可控将是接下来国家发展战略的重中之重。考虑到现有绝大部分产品和技术壁垒都是西方国家通过半个多世纪甚至更长时间的研发积累而逐渐形成的，突破这些壁垒绝非一日之功。必须以国家重大战略项目的形式，通过发挥全国一盘棋的系统集成优势来逐步攻克。

二、加快新型基础设施建设以"活血"

如同血液之于人体，基础设施建设也是经济体系的动力循环系统，该系统能力越强、整个经济体系的循环能力就越强。与传统基础设施建设相比，新型基础设施已经完全处于不同外在型态、不同技术层级、不同建设模式，它对经济体系的引领效应更强、促进作用更大、支撑能力更足。

第一，加快新型基础设施建设能够使用更多的要素类型。要素是经济体系的底层，要素类型、数量、活力将直接决定经济体系的发展质量。相比于传统基础设施，新型基础设施最大的优势是能够更加全面地使用更多类型的如数据、知识等要素。这些要素只有在包括5G、人工智能、工业互联网等在内的新型基础设施建设达到一定规模和水平的基础上，才有可能被大规模、全方位、多渠道地使用，数字经济的繁荣时代才有可能在我国率先出现并长期存在。

第二，加快新型基础设施建设能够创造更优的产业结构。产业结构的本质是要素的组合，要素类型的增多可以优化产业结构是毋庸置疑的。与此同时，新型基础设施建设还可以运用信息基础设施如人工智能、云计算、区块链、大数据等技术来优化改造产业结构。比如，可以运用大数据和云计算技术来处理海量的消费数据并通过工业互联网和物联网等渠道对传统产业进行转型升级，提升我国生产体系的供给质量。

第三，加快新型基础设施建设能够创造更强的生产体系。新型基础设施不仅仅包括技术层面的创新，还包括能源、交通等方面的重大创新，比如特高压、高速城际铁路等。考虑到历次工业革命都和能源与交通领域的变革密切相关，比如，第一次工业革命和能源的蒸汽革命与交通方式的航海革命密切相关，第二次工业革命和能源的电力革命与交通方式的铁路革命密切相关。可以预见的是，未来工业革命的产生与能源和交通领域的变革也会存在密切关系，新型基础设施在新能源和新交通领域的创新无疑会大大提高下一次工业革命出现在我国的概率。

三、加快国家重大战略项目实施步伐以"强骨"

我国经济规模已经连续多年位居世界第二，但整个产业和技术体系仍然存在一定数量的薄弱之处，尤其是在很多能够直接决定一个国家在面对外部压迫时，能否保持"骨头"硬度和强度的关键领域，必须尽快通过实施一批国家重大战略项目来"补短板"，这不仅是供给侧结构性改革的根本要求，也是保障国家根本利益的前提。

对不同的领域而言，通过实施国家重大战略项目来"补短板"有两种思路。

第一，对在整个产业或者产业链已有较好基础，仅仅是个别环节无法攻克的领域，应该坚持"以点通线"的思路，即通过国家战略项目来集中力量攻克这一难点从而保证整个产业链的基本安全。如在整个芯片制造的所有上下游环节中，目前制约我国芯片产业安全发展的主要是设计和制造环节，而非封装环节，这就要求我们出台相应的国家战略项目，集中力量攻克芯片设计和制造环节。实际上，国务院 2020 年 8 月出台的《新时期促进集成电路产业和软件产业高质量发展的若干政策》，对设计和制造领域的政策倾斜力度就高于其他环节，很好地体现了这一思路。

第二，对涉及国家安全和人民切身利益的领域，无论目前是否存在外部威胁，都应该坚持"以线替线"的思路，即要在这个领域的所有相关产业和环节都实现完全的自主可控。比如粮食生产领域，不仅需要关注供给是否能够满足需求的产量情况，还要在种子、化肥、农机等所有相关产业和环节都实现国产替代，这是保证国家稳定和安全的根本之策，也是保证我们国家和人民在任何惊涛骇浪中都能昂首挺立的力量之源。

四、深入推进重大区域发展战略以"健体"

党的十八大以来，区域发展战略就成为我国国家发展的重要工具。短短七年时间内，党中央已经在传统四大板块区域发展战略的基础上，提出了京津冀协同发展、长江经济带、粤港澳大湾区、长三角一体化、黄河流域生态保护和高质量发展、成渝地区双城经济圈等多项新的区域发展战略。从地理分布和空间范围分析，这些区域发展战略的发展健康程度将直接决定我国整体区域的发展健康程度。

第一，要加快区域发展战略统筹力度。虽然不同区域发展战略的作用对象不同，但是由于同为国家层面的区域发展战略，实现不同区域发展战略的统筹发展对真正发挥区域发展战略的引领作用仍然具有重大意义。通过重大区域战略统筹机制的作用，消除不同区域战略间的摩擦与阻力，避免单个区域战略各行其是，增强不同区域战略在实施过程中的匹配性、耦合性与系统性，使得区域战略体系化、整体化、系统化，发挥重大区域战略体系的最大效果。

第二，要加快区域发展战略的实施进程。六大区域发展战略都肩负不同使命且进展程度不一，应该鼓励这六大区域发展战略根据各自实际情况和国家发展需求，加快战略的推进速度，比如长江经济带战略，应该在长江上下游之间的城市尽快构建更加密切的合作机制，在产业转移和产业配套等领域形成合力，避免产业向外流失。又比如对黄河流域生态保护和高质量发展战略，应鼓励山东、河南、陕西等沿线省份加快参与这一战略的力度，实现优势互补发展，为缓解北方区域经济发展失速压力提供更多动力。

第三，要加快不同区域的一体化程度。发挥我国巨型规模市场优势是区域发展战略的根本导向，实现这一目标不仅需要六大区域发展战略共同发挥作用，更需要强调所有区域尤其是省市县三级行政区的一体化发展，要采取有力措施甚至是法律手段来打破地区间的市场封锁、市场壁垒和市场割裂，尽快打造完全的一体化市场结构，发挥区域发展的整体性、系统性优势，提供充足的内需动力。

后　记

2020 年 5 月，特别是两会以来，习近平总书记在多个场合上强调，加快形成以国内大循环为主体，国内国际双循环相互促进的新发展格局。这是我国即将开启全面建设社会主义现代化国家新征程之际，面对世界百年未有之大变局，面对我国发展现有的和潜在的比较优势、后发优势及现实条件，提出的中国当下及未来发展的大战略。这一战略是大国特征的表现，是形成大国竞争优势的路径，是关系我国国家安危和发展前途的重大谋划。

近期，经济界、理论界围绕中央的判断，深刻学习习近平总书记关于新发展阶段和新发展格局相关论述，陆续发表了一些理论研究成果。应广大干部学习的要求，我们组织力量精选一些有代表性的文章先汇编成《国内大循环》一书。文稿大多选自《人民日报》《光明日报》《经济日报》《学习时报》等重要报刊和作者参加的国内重要经济论坛讲稿，以及本书编缉组的约稿。如果有可能，将来我们再编辑《国际大循环》。本书收入的文章基本依原貌，有些因表述重复交叉做了些技术处理。由于时间紧，我们与少数作者还没有联系上，已经指派专人继续联系，联系上以后给付稿酬并寄送样书。感谢专家学者对我们工作的支持，感谢审稿专家的辛勤付出！

本书编辑组

湖南人民出版社

2020 年 9 月 5 日